不安な時代の人生設計図の描き方

河村幹夫
Mikio KAWAMURA

時事通信社

プロローグ――「不安な時代」にどう生きるか

雇用削減から新型インフルエンザにいたるまで、世界中に不安が広がっています。

リーマン・ブラザーズの破綻が引き金となった今回の金融危機は、当初は米国の金融サービス業界内部の行き過ぎたマネーゲームの結果であり、その影響は限定的であろうと予想されていました。

しかし、グローバル化した経済環境の中で、この危機はまたたく間に巨大な津波となってまず欧州を襲い、続いてアジア、そしてついに日本にまで到達し、大きな被害を与えました。米国発の大地震が、かくも迅速、かつ破壊的な巨大津波となって世界中を混乱と不確実性の渦の中に巻きこむなど、その時、一体誰が予想できたでしょうか。

この危機的状況は、先進主要各国政府と経済界の必死の努力にもかかわらず、その悪影響はますます広がり、深刻の度を増しており、終息する兆しをみせておりません。誰も想像できなかった、GMを筆頭とする米国自動車業界の断末魔の状態や、日本を代表するトヨタ、日立、東芝などの各社の巨額の赤字計上に象徴されるように、各企業は急速な経済収縮の流れの中で事業規模の縮減を図り、その一つの結果として雇用削減の動きが顕著になっています。定期的に発表される完全失業率や有効求人倍率は依然悪化の傾向が続いており、まだ歯止めのかかる気配がありません。

雇用削減の動きは働く人々とその家族を直撃しています。これまで会社を信じてまじめに働いてきた人たちの解雇やタイムシェアリングによる収入の減少は、日々の生活を不安におとしいれているだけでなく、現在・将来の生活設計を著しく不確実にしています。この不安心理は消費意欲を減退させ、それは生産・流通活動の不振につながり、デフレ・スパイラルという負の連鎖を引き起こしています。

こういう不安と不確実性の支配する時代環境の中で、私たち一人ひとりはどんな知恵を出してそれを行動に結びつけ、諸々の困難を克服していくべきでしょうか。また具体的にどうすればよいのでしょうか。

この小著のテーマはこの一点に集中しています。特に三〇歳代から五〇歳前後の、社会の中核的な働き手として活躍している人たちを対象として書き下ろしたものです。不安の時代がまだまだ続く中で、どのように自己啓発を続けながら、やがて登場する新しい時代に積極的に対応できるように自分自身をイノベート（変革）させていくのか、著者の長い人生の間に得られた知見も交えながら、エッセータッチでできるだけ読みやすく、具体的に、読者がこれから描く「人生設

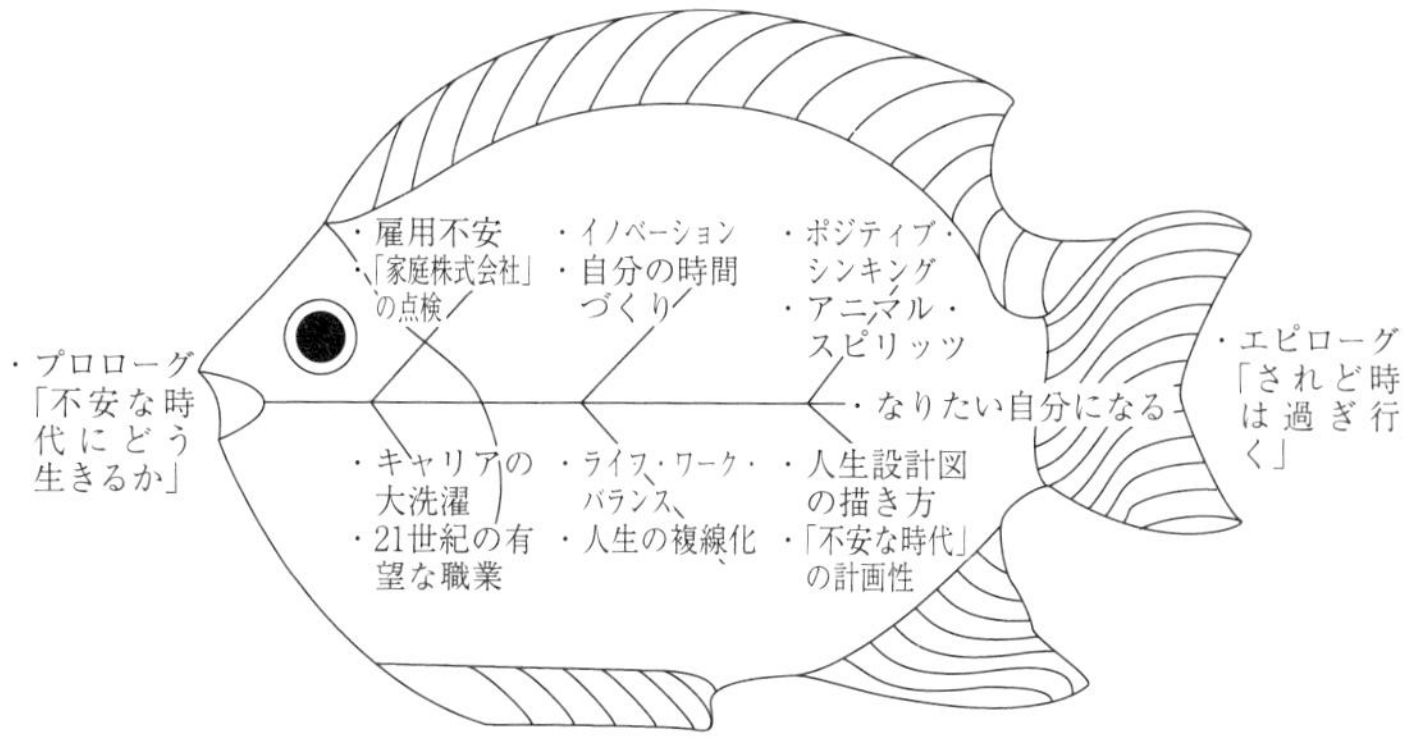

計図」のお手伝いをしたいと願って書きました。

人生いかに生きるべきか、という長期テーマについては、現実を直視、分析したうえで、長期戦略を立てる必要がありますが、それを実際に表現可能な戦術に落としこむ技法も等しく重要です。そうでないと練り抜かれた戦略も画に描いた餅に終わってしまいます。戦略と戦術の有機的な連携が人生航路を進むうえで欠かすことができません。

そこで本書では、まず不確実性とリスクの支配する現在の不安な状況を認識したうえで、あるいは現実になるかもしれない収入減が家計をどのように圧迫するか、また家計はどこまで堪えられるかを簡単にシミュレーションしてみます。

そして、これからの新しい時代に自分のもっている能力を最大限に発揮するための準備として、まず自分のこれまでのキャリアの大洗濯をします。そのうえでこれから有望とされる職業や資格は何かを展望して自分の能力とのマッチングを試みます。より夢と希望のもてる、新しい生き方への出発点を探るのです。

次に、それを実現するために必要な自分自身のイノベーションのための時間づくりを考えます。ローマは一日にして成らず――の言葉通り、何か大きな目的や目標を実現するためには、それなりの多くの時間を必要とするものです。毎日仕事に追いまくられている中で、どうすればそのための時間づくりができるのでしょうか。

そのために欠かせないのが自分の生活と仕事の間に望ましいバランスを構築することです。自分と家族の本当の幸せを求めるためにも現在のような仕事偏重型のライフスタイル、すなわち仕事優先、生活第二という固定的な考え方からの脱却が必要になります。そうしないと自分の時間もつくれません。

こういう、「なりたい自分になる」という自己実現のためには、受け身に待っているのでなく、積極的に考え、行動するガッツと、アニマル・スピリッツを身につけることが求められます。そういう心の準備をしたうえで自分と家族の「人生設計図」を描いてみましょう。将来を見通した長期計画を立てることが非常に難しい時代環境ですが、かえって、それだからこそ、計画性をもった人生航海図が必要となっているのです。

このような本書の意図がどこまで読者の皆様の理解を得られるか、またお役に立つかは、それそれの御判断にお任せすることになりますが、まずは、この執筆の意図を了解し、本書の刊行に御支援をいただいた時事通信出版局出版事業部の永田一周氏、および企画から最終段階まで熱意をもって担当していただいた植松美穂さんに心より御礼申し上げます。

二〇〇九年十月

河村　幹夫

不安な時代の人生設計図の描き方　目次

装幀　出口　城

第1章　雇用不安に備える「家庭株式会社」の再点検
――どこまで不況に耐えていけるか

働いても収入が減ることの不安

まったく先の読めない大変な時代になってきました。政府や日銀から発表される統計的な数字、公式見解に安心感や希望をもたせる内容はまだほとんどありません。新聞、雑誌、テレビなどのコメントや予想も、深刻で悲観的なものがほとんどです。

景気の底入れを予感させるような数字的な兆しがみえるという報道が時折あったとしても、それは「だまし」指標であって、さらに二番底に突っ込む前兆という見方もできます。

今回の大不況はすでに明らかになっている通り、その根は深く、これからどこまで広がり、どのように諸要因がつながっていくか、各国の政策当局者も測りかねているというのが実情でしょうから、まだまだこれからどんな危機的なサプライズが発生するか誰にも分かりません。私たちはちょっとした明るい見通しや、希望をいだかせるような数字に安易に踊らされることなく、非常に厳しい目で物事をみる態度が必要だと思います。

発表された数字やいわゆる識者のコメントなどに一喜一憂しても結局その影響を受けるのは自分自身であって、数字やコメントは何の責任も負いません。

私たちは徹底した「自助（self-help）」の精神に基づいて、自分で考え、行動し、自分でその結果を負う立場にあります。しかし現実をみるとこれは決して容易なことではありません。たとえば、安易な楽観論は禁物だが、過度な悲観論は慎しむべし、という論調もありますが、一般の人には何が楽観で、何が悲観かという判断基準すら与えられていません。

私はこういう不透明な時代にあっては、解説者的な議論に耳を傾けるよりは、正確な事実や数字を注視すべきだと思っています。特に米国と日本の完全失業率の動向が重要です。働きたい人が働けない、働いても収入が減る、というのは社会体制のいかんを問わず、人間としてのプライドをもった生き方の根底をゆるがし、不安に陥れるものです。しかし現実には日本でも完全失業率は悪化の一途をたどっており、また、ワークシェアリングの名のもとに個人収入の大幅な減少が懸念されています。

そこで、私たち個人にとって最も身近な問題である雇用不安と、個人・家庭の対応についてまず検討していきたいと思います。

図表1－1　雇用の安定・創出とワークシェアリング

雇用に役立てば何でも対象
ワークシェアリングの定義と主な形態

ワークシェアリングの定義
直訳すると「仕事の分かち合い」。雇用の維持・拡大に役立つ多様な取り組みを指す言葉で、幅広い意味で使われている

緊急避難型
労働時間を短縮することで、給与を削減して、雇用を維持
工場などの一時帰休に伴い、作業中の副業を容認

多様就業型
「高齢者雇用」を新規雇用、継続雇用、定年延長などで推進
「短時間勤務」を導入し、子育て中の女性などを雇用
「短期雇用」で、若者などをインターンとして雇用する
「非正規社員の均衡処遇」により、正規社員との待遇格差を是正。
正社員への登用も

出典：Nikkei Business　2009年6月1日号

雇用安定・創出の実現に向けた政労使合意の骨子

▽労使が日本型ワークシェアリングを強力に進め、政府は雇用調整助成金で支援
▽ハローワークの組織・体制を拡充し、職業訓練・紹介機能を強化
▽失業手当を受け取れない労働者の職業訓練期間中の生活費支給制度を創設
▽「ふるさと雇用再生特別交付金」事業に企業が拠出できる仕組みを導入
▽経済団体などを通じ、労使合意を周知徹底する

出典：日本経済新聞
2009年3月23日（夕刊）

最近、〃ハーフ・エコノミー〃という言葉をよく耳にします。世界経済の規模が急激に収縮する中で、企業はたとえば事業規模を現在の半分に引き下げても存続していけるかを検証すべきだ、という議論の際などに使われます。

実際、私が耳にしたある大企業の例では、人員五割減、設備四割減で採算を確保する新経営計画を練っているようです。そうなると大量解雇は避けられませんし、新規設備投資は期待できませんから経済の負のスパイラルが加速します。程度の差はあっても家族的な「和」の経営を重視してきたはずの日本では、経営者は従業員とその家族に対して大きな責任をもつ存在である

と期待され、またそれゆえに、従業員・家族だけでなく地域社会の尊敬も受けていたはずです。それが、最近のような、突然で、かつ機械的判断とも思えるような大量解雇をみると、明らかに日本の一部の経営者は米国流儀のマネーと利益だけを価値観とする存在に変質しているようです。

しかし、個人と家族はそのような機械的な判断はできません。企業がそのようなハーフ・エコノミー的な発想で行動すれば、もう一つの経済主体である「家計」にどう影響するでしょうか。経営者が会社を守ろうとするのと同じで、このシミュレーションに登場するEさんも自分と家族を守らなければなりません。

まずは頭の体操のつもりでこのような簡単な数字を用意してみました。これは私が親しくしているEさん一家の家計の状況を例にとって、私が勝手に推測したものです。Eさんは現在四〇歳、外資系のIT関連会社で働いているエンジニアで高度な専門的技術をもっており会社でも将来を期待されています。共働きの奥さんと、一〇歳と六歳の二人の娘さんとの四人でマンション暮らしをしています。

①②年収はEさん一〇〇〇万円、奥さん二〇〇万円で合計一二〇〇万円です。

③マンションを長期ローンで購入しており、年間の返済額は三六〇万円、ローン残高は三六〇〇万円です。ローンの返済以外に住居関係の出費が毎月一〇万円、年間一二〇万円あります。年間支出額は四八〇万円です。

④四人の衣服関係の支出を毎月一〇万円、年間一二〇万円と見積りました。

⑤食費は一人当たり一日、一〇〇〇円、合計四〇〇〇円、一年三六五日で合計一四六万円となります。

⑥教育費は見積りが難しいのですが、娘さん二人のおけいこ代、そしてたぶん塾にも通っているでしょうから二人で月一〇万円、年間一二〇万円としました。

⑦その他の費用として月間一〇万円、年間一二〇万円と見積りました。

⑧税金関係はＥさんの収入の二〇％としました。

この前提でＥさん一家を株式会社にみたてて損益計算書と貸借対照表を作ってみました。こういうやり方をすると家計状況がみやすく、分かりやすくなります。二〇〇八年四月から二〇〇九年三月の一年間の「Ｅ家庭株式会社」の財務状況は健全でした。わずかですが当期純利益（残ったお金）もありました。

ところが四月一日に状況は一変しました。ハーフ・エコノミーの影響を受け、この外資系会社も日本から撤退することになりました。Ｅさんも転職せざるをえなくなり、夫婦の収入も半減することになってしまいました。さて、どうすれば新しい状況に対応できるのでしょうか。まず③住居費は四八〇万円＋ローン返済が中心ですから削減できません。④衣服費は思い切ってゼロにしました。娘さんたちが成長期ですから大変でしょうが、とりあえず一年間は何も買わないことにしました。

⑤食費も半分に切り詰めることにしました。幸いデフレ状況で食料品の価格も値下り傾向ですが、それでも一人当たり一日五〇〇円では、E夫人も外で働いていますから時間の制約もあり、実際にはやりくりは大変だと思います。この分では、Eさんの昼食はコンビニのおにぎり二個になってしまうのでしょうか。⑥教育費も半減せざるを得ません。おけいこごとも一時中止となるでしょう。親も子供もつらい気持ちになります。

⑦その他費用も半分の年間六〇万円とします。⑧税金はEさんの収入の二〇%ですから一〇〇万円に半減します。

ここまで生活費を切り詰めても支出の合計は七七三万円となり、この一年間は赤字操業となります。

企業の感覚でいえば、売上高（収入）の三〇%近い赤字が二、三年累積したら資金繰りも極端に悪くなり倒産も懸念されます。この場合、Eさんは現金で購入していた自家用車（残存価値一〇〇万円）を少しでも資金繰りを楽にするため処分しましたが、売却価格は三〇万円でしたので売却損が七〇万円出ました（図表1-2）。もしこの赤字状態が続けば、やがてマンションを売却して賃貸マンションに移転するという可能性も視野に入ってきます。しかし現在のマンション不況下では、たとえ最初の購入価格が五〇〇〇万円だったとしても、現在のローン残高を完済でき

図表１－２　E家庭株式会社の財務諸表

（単位：万円）

	損益計算書 2008年４月―2009年３月期	（予定）損益計算書 2009年４月―2010年３月期
収益（収入）		
給料①	1,000	500
給料②	200	100
計	1,200	600
費用（支出）		
③住居費（ローン返済＋維持費）	480	480
④衣服費	120	0
⑤食料費	146	73
⑥教育費	120	60
⑦雑　費（その他）	120	60
⑧税　金	200	100
⑨自家用車売却損		70
当期純利益（収入－支出）	14	△243

貸借対照表

2009年３月末現在

貸　方		借　方	
流動資産		流動負債	
手許現金	100	ローン返済（１年以内）	360
固定資産		固定負債	
自宅マンション	3,600	ローン残高	3,240
自家用車	100	自己資本	200
	3,800		3,800

（予想）2010年３月末現在

流動資産		流動負債	
手許現金	20	ローン返済（１年以内）	360
固定資産		短期借入金	20
自宅マンション	3,240	固定負債	
自家用車（売却済）	0	ローン残高	2,880
		自己資本	0
	3,260		3,260

るでしょうか。また、現在の月三〇万円の返済金額以下で、これまでの快適な居住水準を維持できる四人家族用の賃貸マンションがみつかるでしょうか。

長々と書きましたが、このハーフ・ホーム・エコノミーのシナリオは絶望的です。まさにワースト・シナリオですが、こんなことは絶対にあり得ないと一笑に付せるでしょうか。一例として、週刊東洋経済二〇〇九年五月一六日号の記事をとり上げてみましょう。

その中に「一〇〇〇人アンケートで浮かび上がった消費者の実像」という特集があり、「過去一年間と比べて今後一年間の収入・支出の見通しは？」という質問に対し、実に過半数の五六％の人が「収入は減る」と回答しているのです。また支出も、減ると思う人が、増えると思う人をわずかですが上回っていました（図表1-3）。

どんな出費を減らそうとしているのかについては、食費、衣料・服飾費、趣味・娯楽費がダントツになっていました。記事によると、男性は趣味・娯楽費、女性は食費を切り詰めるという回答が多かったそうです。反対に最も減らしにくいのは教育費、住居費、医療・医薬費、交通費、通信費などの項目で、これは仕方のないことだと言えます。庶民の生活は明らかに節約モードに切り替えられているのです。

しかも、これから先も雇用削減が継続していけば事態ははるかに深刻になります。本当に何が

図表１－３　1000人アンケートで浮かび上がった消費者の実像

Q1　過去１年間と比べて今後１年間の収入・支出の見通しは？

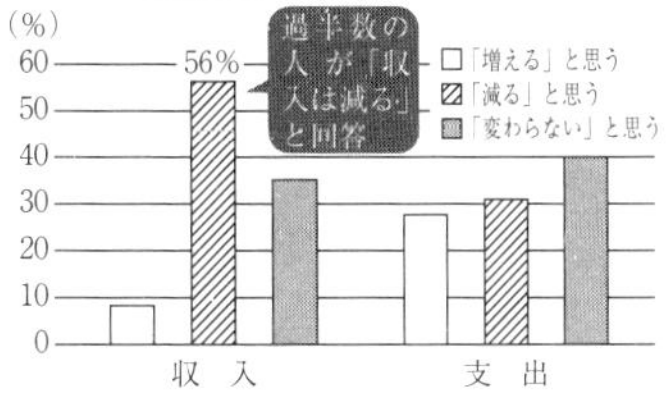

収入右肩下がりの中
節約志向が顕著

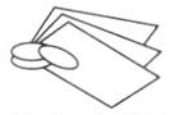

今後１年間は過去１年間よりも収入が「減る」と回答した人は、過半数を超えた。先の見通しが読めない中、食費や衣料費を中心に出費を抑える人が多い。特に男性では、スポーツなど趣味にかかる出費を減らそうという傾向が見られ、生活は節約モードに切り替えられているようだ。

Q2　出費を減らそうとしている項目はありますか？

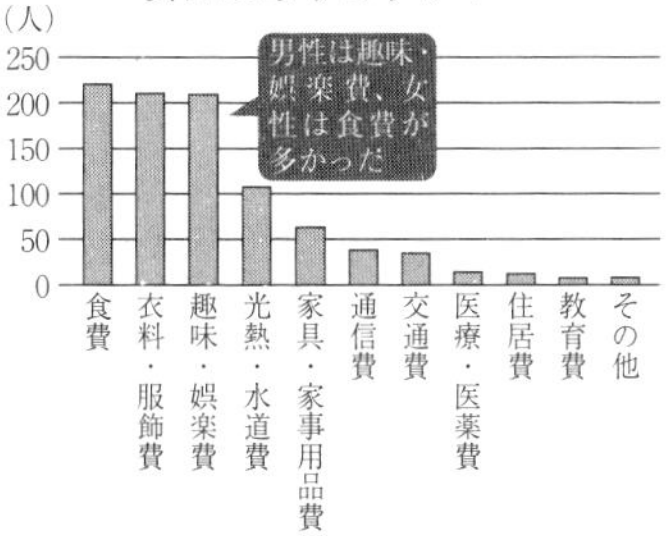

（注）Q1で「収入が減ると思う」と答えた人の複数回答

欲しいモノはある
高くても買うモノもある

出費を抑える傾向は強くても、「いま欲しいモノ」を尋ねれば具体的に回答が挙がる。また、最近３カ月に自分の趣味や娯楽のために買い物をした人も７割を超えた。旅行、洋服、パソコンや携帯電話などに１万～5万円を使った人が多く、消費者はおカネを使うときには使うようだ。

Q3　いま欲しいモノはありますか？

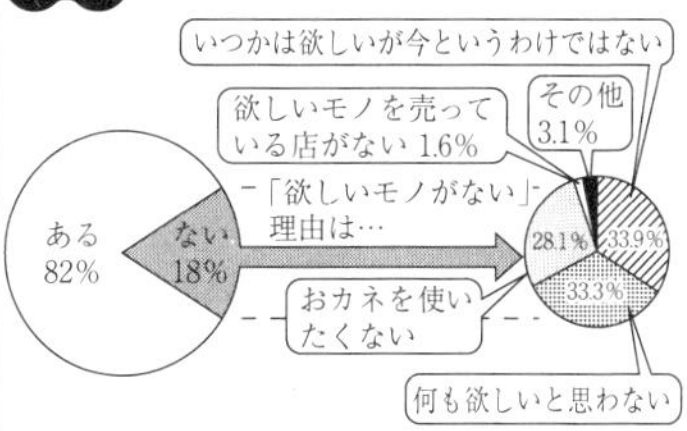

Q5　「安さ」を重視するもの
「高くても内容」を重視するもの

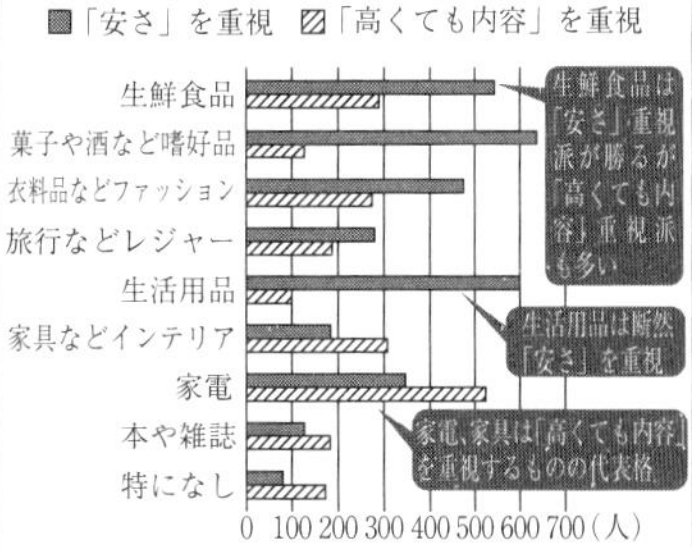

（注）複数回答

出典：週刊東洋経済（2009年５月16日号）

起こるか分からない恐ろしい時代に私たちは生きています。万が一、この例のような困難な状況が発生したらどう対応すべきか、少なくとも夫婦間でシミュレーションだけはしておくことが必要です。

そうすることで、備えあれば憂いなし、とまではいかなくても収入減という大地震の衝撃を少しは落ち着いて受け止めることができると思うのです。

図表1-2を作った目的は生活レベルを落とすことがいかに困難であり、また非現実的かということを考えてみたいと思ったのであって、金利・減価償却とかキャッシュフローなどは考慮していません。ただこんな簡単な表からだけでも、収入と支出がぎりぎりで均衡している家庭の場合、いったん、収入減という大地震が発生したらどうなるかが分かります。ましてや解雇され無収入になったらどうなることか。Eさんの場合、せっせと蓄えた一〇〇万円はあっという間になくなり、逆に借金生活に入ってしまいました。

従業員の大量解雇を打ち出した会社の場合、経営陣はその責任を示すものとして自らの「役員報酬」の二割カット、三割カットを公表します。日本の場合は、経営者と従業員の収入格差は一〇倍前後といわれ、米国などとは比較にならないほど小さいようですが、それでも解雇された人との経済的ダメージと比べれば彼等の被害はきわめて軽微です。

私は現在の日本の経営者、特に大企業の経営者の考え方はかなり異常である、という気がしてなりません。ついこの間まで、社員は会社の宝、といってはばからなかった会社のリーダーたちが一転して業績維持のために、または配当とか内部留保を守るために解雇の大ナタを振るう。これでは長年かかって労資間で築き上げたファミリー・コンパクト（家族的連帯感）に基づいた安定的な日本型資本主義を根っこから引き抜いてしまうことになります。社員の忠誠心は萎えてしまい、購買力は減退します。それは回り回って社会の不安定化と経済不安を加速化することになります。社員の家族的連帯感に基づく愛社精神に、経営者はどれだけ支えられ、助けられてきたことでしょう。

この危機的状況の時にこそ、株主配当を減らしても、内部留保を削ってでも雇用を維持することこそ、サムライ経営者の哲学であるべきではないでしょうか。業績確保のために実現不可能なほどのノルマを与え続けたために、ストレスに堪えかねた社員がうつ病にかかったり、自殺に追いこまれたりするのは目に見えない間接的な犯罪に経営者が手を貸している、とすら私には思えるのです。

失われつつある「一期一会」の精神

第二次世界大戦後、数十年間続いた東西冷戦の対立はソ連邦の解体という衝撃で終了し、勝者となった米国が主導したグローバル化がはずみをつけました。このグローバル化は世界の潮流となっており、日本にも大きな影響を与え社会の変質を加速させています。身近なところでは裁判員制度、会計基準の国際化、内部統制制度の要求から始まって、私たちの気づかないところでも米欧流儀の標準化が進んでいます。

一方、その流れの中で、経営の中での日本的なよさ、といわれていたものが失われつつあるのも事実です。いったん雇った人は大切に扱い、一期一会の精神で本人だけでなく家族の経済的安心感にまで気を配ろうとする経営者の姿勢。部下の心情を汲み取り、面倒をみようとする上司の態度。相手を尊重し、ゆずり合いの気持ちをもちながら協力し合う精神。そういった日本人の心情とか知恵は、実は日本企業の数字には表れない質的な競争力であり、それが最終的には利益という数字となって結実していたのです。それが分かっていた経営者は従業員を尊重し、逆境にあってもできるだけ安定的な雇用関係を維持することに努めていたのです。もちろん、その裏にはそういう経営スタイルをとることが、結果として会社の業績向上につながるというしたたかな計算があったのも当然です。

ところが、米国主導のグローバル経済的価値観に洗脳された上っすべりの経営者たちは、米国のビジネス教科書で強調された価値観だけを頼りにして経営を進めようとしました。それまで、その会社の業績を支えていた企業文化や伝統的な考え方、安定した雇用環境から生まれた愛社心といった定性的な要素を無視して、ひたすら数字、それも短期的な経営成果を追求するようになってしまいました。

うがった見方かもしれませんが、そういう経営姿勢に対する従業員のリベンジが、「内部告発」という形で経営者に向けられていると思いたくなります。私が懇意にしていたある中堅企業の社長が、ある時こう言いました。

「何か会社に対して文句や苦情があったら内部告発などという形で社外に洩らさないで、社長の私に直接言ってこい、と口酸っぱく社員に言っているんです。社内で解決できることを社外にばらして大騒ぎにしなくたっていいではないか」

もともと内部告発や内部通報といわれる言葉の源は、英語の“whistle blowing”でした。手元の辞書を引きますと、“blow the whistle on ～”という成句で、〝仲間を密告する、裏切る〟、という意味の他に、不正行為などを止めさせるという意味もあります。また“whistle blower”は他人を公然と非難する人、告発者、となっています。特に、米国では長い間日常語として使われている言葉で、日本のビジネス社会でこの言葉が広く使われるようになったのは、リチャード・T・ディジョージが表した名著『ビジネス・エシックス』（永安幸正＋山田經三・監訳、刊行・明石書店、一九九五年）がきっかけになったとされています。原書の第九章のタイトルは“Whistle Blowing”となっていますが、この訳語（第十章）は「内部告発」ですから、この言葉が標準語になっています。

ただ近年では、語感にも配慮して「内部通報」とか「注意喚起」という言い方もあります。ここで筆者のディジョージが何を指摘したかは彼の本に譲るとして、先ほどの社長の発言に私が感じたのは、果たしてこの社長は本当の意味での愛社心を社員に植えつけるようなポリシーと人格をもっているのだろうか、ということでした。

また最近「一〇〇年に一度の世界経済危機」という言葉が流布しています。意図的にセンセーショナルに使われているのでしょうが、一部の政・官・財、そしてジャーナリズムのリーダーたちの見通しの誤りを糊塗する免罪符としての響きをもっているように感じられます。実際には、今回の金融危機の芽をつむことを見逃したグリーンスパン前FRB議長が、釈明の意味をこめて「五〇年か、一〇〇年に一度の」といった前半部分が消えて都合のよい後半部分だけが活用されているのでしょう。彼はおそらく「前例のない、未曽有の」というニュアンスで使ったのだと思います。

より正確に言えば、一九二九年の大恐慌以来の八〇年ぶりですし、日本の場合はもっと近い一九四五年の敗戦が引き起こしたそれこそ未曽有の政治・経済危機がありました。敗戦後、数年間の道徳観の喪失（モラル・ハザード）、無秩序な経済環境の中での狂乱物価、極端な物資不足のもたらした闇市など、子供時代の私の記憶の中に今でも生きています。そういう年代の人たちは今は少数派になっているでしょうが、その人たちからみれば、現在の経済状況は「豊かさの中の不安」程度にしか映らないでしょう。

幸いなことに、と言うべきでしょうか。年齢的にみて、現在の四〇歳代の人たちの親の多くは、敗戦後の苦労を体験した最後の世代でしょう。温故知新で、その人たちの敗戦後の状況をきくことは、将来の万が一のワースト・シナリオを描く時の参考になるかもしれません。

もちろん、これは全体としての状況判断であって、個々にみれば非常に気の毒な状態にある人が決して少なくないのは事実でしょうが、敗戦直後のように、すべての日本人が過酷な生活条件を強いられていた、という状況は現在の「大不況」の中には見出されていません。さらに加えれば、戦後の日本はその荒廃の中から立ち上がり、努力を積み重ねて経済復興を成し遂げ、ついには経済大国と呼ばれるほどにまで成長したのです。そこまで成し遂げたガッツと自信はどこに消えてしまったのでしょうか。

確かに、今回の世界経済危機を引き起こした主導者は米国でした。歯止めのかからなくなった金融資本主義が、あくなき欲望（グリード）を追求した結果の破綻が津波となって、欧州、アジアそして日本を襲ったわけですが、日本も金融バブルに無縁であったかといえば、長年の低金利政策が円キャリー取引を大規模に生み出し、その一部は詐欺的な金融商品の買い付けにまわされてしまったという指摘もあります。また、円の独歩高という状態が続いているので、日本の輸出産業は市場の喪失と採算悪化という二重苦に悩まされています。

八〇年前の大恐慌の時とは違って現在は金本位制ではないし、少なくとも現在は国際協調も保たれており、為替の切り下げ競争も目立ったものはありません。ただ国内景気刺激の目的で主要各国とも金利引き下げに走った結果、金利水準が限りなくゼロに近づいているのは為替切り下げと同じ効果を与えているという指摘もあります。今は誰も自信をもって未来を予見できる状況ではありません。いつ、どんなことが起こるか、誰も分かりません。まさに不確実性そのものの世界です。私たちは「一寸先は闇だ」で納得して何もしないでいるわけにはいかないので、いろいろな予測や予想をしますが、それがどれだけ当てになるでしょうか。

私自身は、世界主要国が協調して大規模な不況克服策を持続的に打ち出せば、やがて、中長期的には必ずやその効果は出る、と確信しているのですが、そこまでの道のりは決して順調な右肩上がりではなく、山あり、谷あり、落とし穴ありのリスクに満ち満ちたものになると覚悟しています。

家庭の経営会議に子供も参加させる

さて、家庭株式会社の構成員に子供も加えて、会社の現状や将来の見通しなどを分かりやすく説明し、一種の運命共同体的連帯感を盛り上げるという効果も期待できます。

かわいさの余り、親はいろいろと工面して子供には家庭の苦しさを隠して、分不相応にぜいたくな気持ちにさせているのではないかと思わせる現象が私に見える範囲内でも起こっています。また、親はたとえ借金してでも子供には楽をさせのびのびと育てたい、それが親の務めではないかと思いこんでいる人もいます。

特に、いわゆるサラリーマン家庭の場合は、親が苦労して金を稼ぐ場とその金を使う家庭との間にファイアウォールができているので子供が気がつかない場合が多いのですが、もし自宅で営業している八百屋さんとか雑貨屋さんの場合だったらどうでしょうか。子供は、いやが応でも親が頭を下げてお客さんからお金をいただく場面や、閉店後に在庫のチェック・仕入計画・資金繰りなどをひそひそと話し合っているのを見てしまうはずです。

子供をどう育てるかは親の最も重要な責任のはずですが、もし虚構の上にではなく、実態に近いレベルで子供を育てようとするならば、家庭株式会社の経営会議には子供も参加させた方がよいと思います。親の思考や行動を通して、子供は少しずつ世の中のあり方を知るようになります。それでなくても仕事の場で親と時間を共有することの大切さについては、私自身にも一つの体験があります。

大学を出て大財閥の会社の律義なサラリーマンとして長年安定した職場で十分な給料をもらい

中流以上の生活を家族に与えていた私の父は、敗戦とともに仕事の場から放り出され、文字通り路頭に迷ってしまいました。当時私は十歳でした。きちんとした大組織の中でしか働いた経験のなかった父にとって、敗戦後のどさくさ状況はどうしようもないことでした。ちょうど五〇歳ぐらいだった父はそれでもプライドをかなぐり捨てて、以前は下請会社だった小さな会社に頭を下げて雇ってもらったりしていましたが、いろいろな事情もあったのでしょう、長続きせず、子供の私が知っている限りでも半年か一年に一度は働き口を変えていました。

数年後に父は大阪の会社に就職し、週末だけ名古屋の自宅に帰るようになりました。その事情を父も母も私に話そうとしませんでしたが、高校一年生になった私は、待望の運賃学割証を手に入れると、紙片に書きとめた住所を頼りに黙って大阪にいる父に会いに行きました。暗くなってやっと探し当てたその場所は、船場の近くの繊維街の裏手にある倉庫でした。あたりは裸灯がポツポツとついているだけのさみしいところで人影もありません。

高校生になったばかりの私にはショックでした。それでも勇気を出して私は倉庫入り口のベルを押しました。やがてナッパ服と当時いわれていた作業衣を着た、やせた父が脇のくぐり戸から出てきました。私と分かった父は、全身が硬直したかのように黙って突っ立ったままでした。私も言葉を探せませんでした。二人は暗がりの中で相手をみつめながら一〇秒か、三〇秒か一分間か無口のままでした。長い時間のように感じました。

繊維品を山積みしたその倉庫の隅の宿直室の中で、父と私はぽつぽつと、何でもないような、とりとめのない話を始めました。私の方からは今や父に聞くことはもう何もありませんでした。私にはすべてが分かりました。父はこうまでして一家六人の生活を支えてくれている、というその事実だけで私は泣き出したい気持ちになっていました。

私は帰る気持ちも失せ、しんしんと冷えこむ六畳一間の宿直室で、父と一緒に夜を明かしました。相変わらずとりとめのない話を続けながら。

それから五〇年後、大学教師をしている私のところに、三年生のゼミ生Ｊ君が思いつめた表情をして突然やってきました。近頃には珍しい落ち着いた、育ちのよさそうな男子学生です。「先生、来週のゼミを休ませていただけませんか」「どうしたんだい」。時々頭をかきながら話してくれた彼の家庭事情というのはこういうことでした。保険会社でセールスをしていた父親がリストラの対象になったらしく、子供の目からみると、いやがらせにも映る、地方への転勤を頻繁に繰り返すようになってしまった。そして今度は北海道の小都市で、部下も一人しかいない場所の「支社長」に任命され三カ月前に赴任していった。

母親も、妹もこれ以上母子家庭を続けたくない、収入は減ってもいいから自宅から通勤できる会社に再就職してほしいと懇願したが、父親は黙って赴任してしまったそうです。

「そこで」とJ君は言うのです。今週のバイトが終わったら、バイクに乗って父を訪ねるのでゼミを休みたいということでした。私は、心の中ではゼミとバイトをてんびんにかけられるのは納得できないし、バイクで東京から北海道までというのは万が一のことがあったらと思ったのですが、彼が自由になるお金をわずかしか持っていないのも知っていたので、「いいよ」と答えました。そしてつけ加えました。

「一つだけ条件がある。せっかくお父さんの所に行くのだから、三日間、一緒に寝泊まりしてできるだけ行動をともにしなさい。おやじのありのままの姿を知ることは子供にとってもうれしいことであるだけでなく、もっと心を通わせる機会にもなると思うよ」

帰ってからゼミに現れた彼を、私は普段よりは注意深く観察しましたが、いつもの通り無表情でした。しかし、ゼミが終わった後「先生、ちょっとお話があります」と彼が近づいてきました。「先生、言われた通りやりました。おやじも仕事はたいへんらしいけれど、それはそれでいいんじゃないかと思いました」。私も短く答えました。「よかったね」。

人間はそれぞれの環境の中で経験を積んでいきます。ある状況下で、親が隠そうとしても子供は知りたいと思い、自分のやり方で知ってしまうこともあります。所詮は狭い家の中での共同生活で隠しだては無理ですから、家庭株式会社の実情についても構成員全員が情報を共有した方がよいと思います。

子供にはお金のことはまだよく分からないから、という理由でお金のことを説明しなければ、子供の金融リテラシー（お金や金融・経済に関する知見）は向上せず、大人になってもマネーに無知で、怪しげな金融商品にだまされたり、詐欺に引っかかったりするのでしょう。

最近は、その点に着目して、金融サービス業者が子供向けに金融知識を普及させる試みをいくつか行っています。私は国際的にみても、日本の子供のマネー感覚が乏しいと感じています。ですからこういう普及活動には基本的に賛成です。その中で金融に関する仕組みとか機能といったテクニカルな側面についての知識を与える前に、学校や親は、人生におけるお金の持つ価値や意味についてある程度のガイダンスを与えておくことが必要だと思います。

親はお金に対する価値観を明示すべき

特に親は勇気を出してお金に対する自分たちの価値観を子供に対して明示しておかないと、子供の心は親の予期しない方向に走ってしまうかもしれません。お金が人生のすべてだと確信する親は子供にそう伝えるべきだし、お金はもちろん大切だが、その前に道徳的感情をもっていないと金の奴隷になってしまうと思う親は子供に分かるようにそう説明しなければなりません。金は天下の回り物と信じる人はそのように告げるべきでしょう。
それを怠って、学校や子供の自主的な判断に任せるという態度は子供の意見を尊重しているのではなく、むしろ親の教育責任の放棄だと思えます。子供は最も信頼している親の考え方をまず受け入れ、それから心の成長にともなって自分自身の価値観の形成をしていくのです。私たちも子供の時にいかに素直に親の感化を受けていたかを思い出せば分かることです。子供は親の背中を見ながら育っていくのです。

家庭株式会社の財務諸表や長期計画（ライフプラン）を作成する時に、ファイナンシャル・プランナー（F・P）のような専門家の助けを借りるのは意味のあることだと思います。餅は餅屋、でいろいろと学ぶことがあるはずです。ただ実際には家庭の本当の財務状態を洗いざらいF・Pに知らせるのに抵抗を感じる人も少くないでしょう。もしそうなら、最も納得がいくのは自分自身がF・Pの資格を取得してしまうことだと思います。私の理解では、初級資格なら割合簡単に取得できるようですし、家庭株式会社の財務諸表ぐらいはそのレベルで十分作成できます。一気に国際的な資格であるCFPには到達できなくても、まずは家庭株式会社の経営者としてはAFP（F・Pの初級資格）ぐらいは取得して、金融リテラシーの基本部分だけは身につけておきたいものです。

日本人は外国人と比べて金融に関する知識に乏しく、感覚が鈍いといわれることがありますが、努力しだいで何とでもなるものです。たとえば私のよく知っているＫさん夫婦は、若い頃に独立して部品製造工場を立ち上げましたが、その時奥さんは簿記の知識は全くありませんでした。しかし必要に迫られて数字と格闘を続けた結果、今日では自分で銀行と交渉したり、税務申告に関する税務署からの照会にも自信をもって説明しています。

一方で、Ｊさん一家もＫさん一家も大きな潜在的な問題を抱えています。それは「老老介護」問題です。どちらの場合も両親が七〇歳を過ぎていると仮定すれば、親の介護の問題は現実味を帯びてきます。

たとえばＪさん夫婦のそれぞれの両親は平均すれば七〇歳前後で、今のところ全員元気なようですが、Ｊさんたちは一人っ子同士なので将来的には二人で四人の親の老後の面倒をみる立場になります。二人とも親孝行の気持ちは十分もっているようなので精神的には親子の仲たがいはないでしょうが、金銭的にはどうなるでしょうか。

現状ではとてもそこまでも見越して貯金しておくことは無理ですが、頭の中に入れておく必要はあります。またできれば人生設計図の中にその項目を入れておくのは賢いことでしょう。

不確実性がますます高まりそうな最近の状況をみていますと、心身の健康と健全な財務状態の双方を、家庭レベルで構築・維持することは決して容易ではないと危惧します。いざという時に、銀行も、親兄弟姉妹、親類、知人たちも当てにならないことは大なり小なり体験的に私たちは知っています。

どんな嵐の中でも、自分と家族を守り抜くのは「自助」（self-help）の精神だけだと私は確信しますが、そのためには行き当たりばったりではなく「計画性」が不可欠です。それがないと、いつも漠とした不安にさいなまれながら生きていくことになりかねません。最悪の事態が起こっても絶対に耐えていける自信は誰にもないでしょうが、大抵のことには対応できそうだという目安を作っておくことは、この不安の時代にはとりわけ大切だと思うのです。

第2章　「キャリアの大洗濯」で自分の再発見を
――ライシュが予言した二十一世紀の有望な職業

強迫観念にとりつかれる経営者

最近のことです。土曜日の朝早く電話が鳴りました。予想通りAさんからでした。彼は四〇歳前後のビジネスマンで、世間的にいえばそこそこの大学を卒業して東京に本社のある一流事務機器会社に就職し、現在は東北地方の大都市で販売業務に従事しています。

セールスマンらしく如才ない物腰で顧客の評判も良いようで、妻と子供の三人暮らしだそうです。彼との出会いは二年ほど前に、私の書いた『五〇歳からの人生設計図の描き方』（角川ONEテーマ21新書）を、彼が読んで感想文を送ってくれたのがきっかけで、彼が出張で東京にきた時にはお互いに都合をつけて短時間でも会うようにしていました。

まだ四〇歳そこそこの人が、五〇歳を相手に書いた本に興味をもつのはどういうことかと最初はいぶかしく思ったのですが、会って話してみると非常に几帳面で計画的に考えるタイプの人だと分かったので私は安心しました。また、自分の人生の先を見通そうとする彼の計画性については、その年齢だった当時の私自身と比較するつもりはありませんでしたが、非常に立派なことだと感心もしました。

しかし、ここ数カ月間、私は彼の精神状態が相当不安定になってきたことに気がつきました。ソフトな口調、やわらかい態度、一見何も変わっていないのですが、実は内面では相当、イライラしているようなのです。仕事も家族関係も順調。それでいて落ち着いていない原因は、雇用に対する漠とした不安感なのだと、いろいろ話し合った末、やっと私は合点しました。

確かに二〇〇八年九月のリーマン・ブラザーズの破綻を引き金にして、世界の経済環境は一変しました。米国を震源地とした金融大地震は、大不況という津波となって欧州、アジアを襲い、特に日本には甚大な悪影響を与えるようになりました。事態の急変に驚き、狼狽した経営者たちはまずはコスト削減に走り、大量人員削減や新卒者の採用中止・取消しなど常軌を逸したかのような手段に訴えました。

つい昨日まで、企業は社会的存在であるとうたいあげ、企業の最大の社会的責任の一つは雇用の創出・維持であると自覚し、諸々の経営資源の中でも人間こそが我が社の中でも最重要な存在と位置づけている、と高らかに唱えていた経営者の誇りとか自負心はどこに消え去ってしまったのでしょう。

確かに人件費の削減は即、コストの削減につながるだろうし、それは考え抜いた末の「苦渋の決断」だったと経営者は主張するでしょう。しかし最近のあまりにも突然で、唐突な印象すらある大量解雇が続いているのをみると、経営者の心理状態が相当な強迫観念にとりつかれているのだと感じます。収支均衡を保つために逆算して解雇人員の数をはじき出すという一種の予防的即断に走ったのではないか、そうでなければあれだけ大きな数字が短時間に現場から積み上がるはずがないのです。派遣労働者の突然の大量解雇に始まった一連の会社側による人員の大量削減の動きはやがて正社員にも波及してくるでしょう。バランスシート不況ならぬ、「損益計算書不況」にならなければよいのですが。

雇用不安は企業の所在地だけでなく、直接、間接にやがて全国津々浦々にまで広がっていきます。それは放置しておけばやがて社会不安につながり、個人の生き方はゆがんで家庭は破綻し、社会は連帯感を失い、国家の安全の基礎が危うくなります。人々は皆、自分と家族のことだけに心を奪われ、自国の上空をミサイルが通過しても大きな関心を示そうとしません。これは危機的な心理状態ではないでしょうか。

さて、Ａさんの不定愁訴的な不安感もやはり雇用に関するものでした。勤務先の会社は確かに不況の影響を受けて業績的には下方傾向が続いているようですが、近い将来に財務的に破綻する可能性はまずないようです。しかし今は「何でもあり」ですから、ある日突然に破綻、ということはないにしても、そうならないために段階的に人員削減をするのではないかとAさんも含めて多くの社員は不安になっていると彼は言うのです。

私は驚きましたが、Aさんの場合「世間的にいえばそこそこの大学」出身であるという事実が一種の強迫観念になっているようで、もし雇用削減が現実になったらその学歴が不利となって最っ先に、ではないにしても早い段階で対象になるのではないかという漠とした不安を抱えていたのでした。今どき、会社が十数年前の学歴を基準にして社員を評価するなど、およそ考えにくいことではあるでしょうが、そう言っても彼の強迫観念はとけそうにはありません。

それでは、と私はAさんに彼の「キャリアの大洗濯」をすることを勧めました。具体的には自分の履歴書を書くのですが、単なる経歴の時系列な羅列ではなく、外国人の履歴書がそうであるように「現在」から逆算して「過去」にさかのぼるのです。Aさんの場合では、現在は○○会社マーケティング部第一課長、その前は何年何月から何年何月まで△△部係長、その前は、さらにその前は、と時間をさかのぼっていくとやがて「そこそこ大学」卒業のところにきます。さらにその前は……。

「キャリアの大洗濯用」履歴書はそれだけではありません。それまでの経歴の節目、節目では、注記とか自己評価を書きこむのです。Aさんの場合ですと、どういう環境の中で、どういう動機で○○会社を志望したのか。その前の高校時代には将来にどんな望みをもっていたのか、それと大学受験はどんな関係があったのか、なかったのか。高校に入るまでに家庭環境を含めてどんな経験をもち、それが自分の精神形成にどう影響したのか。

映画やテレビ、文学作品でも使われるフラッシュバック（過去の出来事を一つの物語の中に組み入れて現出させる手法）のようなことなのですが、それをすることで結果としては、Aさんが現在の自分自身を再発見できることにつながると私は期待したのです。多くの人がそうでしょうが、人生は「悔い」の多いものです。あの時にあれが成功していれば、また、あの時に運が良かったら、といった「れば」「たら」は限りがありません。

単なる注記や自己評価だけでは共通基準がなく全体像がつかみにくいと思う人は、それぞれの節目についてその内容や結果について満足だったら＝○、どちらとも言えない＝△、不満、納得できなかったら＝×、などの符号をつけて集計してみたら、より鮮明にこれまでの人生航路を追跡できるでしょう。まあまあ納得できるこれまでの人生なのか、人生航路のどの時点で本来のコースと思っていたものから外れてしまったのか、これを分析するのは決して過去のためではなく、これからの自分の将来のコース探しに役立てるためなのです。

この「キャリアの大洗濯」の注記や自己評価を詳しく書きこんでいくと、その中に自分では十分意識していなかった性格とか能力が浮かび上がってくるかもしれません。もしそうなったら貴重な副産物として大切に活用したいものです。自分の経歴の棚卸しが新しい自己発見につながるとすれば、「キャリアの大洗濯」には時間をかける価値がある、ということになるでしょう。

二人として全く同じ人間がいないように、全く同じ経歴をもつ人もいません。人間は一人ひとりがそれぞれの環境の中で、自分だけの物語を紡ぎながら人生模様をつくり上げているのだと思います。一見、全く平凡にみえる人生も、実はその背景にはさまざまなドラマがあり、時にはその結果が大きな運、不運となってその後の自分の人生に影響を与えたはずなのですが、その結果を他人のそれと比較したところであまり意味のある結論は出ないでしょう。

それよりは自分自身のキャリアの大洗濯の方が大切です。この作業は自分自身でするしかありません。それは新しい自己発見につながることですから、必要な時間を投入するのをためらってはいけないと思うのです。

さて、大洗濯の結果を下敷きにして、自分の現在の職業や担当している業務内容を自己評価した結果、納得性が非常に高く、まるで天職のように感じられるのであれば、おみくじでいえばそれは「大吉」です。また、まあまあ満足できる、納得できるという結果であれば「中吉」と考えてもよいでしょう。それでも現在の勤務先の将来性は、となるとまた別の考慮が必要となるかもしれません。

しかし、現実には大吉や中吉の人はビジネスパーソンの世界ではむしろ少数派といえるでしょう。人材バンクが繁盛していることがその証拠の一つかもしれませんが、長い人生の中のたった一度の機会、たとえば新卒者の採用試験などで、大吉、中吉を引く確率は決して高くないのだから、現在の職業や仕事に安住することなく、積極的に自己実現を目指して次の職業選択を考えるのはごく自然だと思います。

それでは、これから有望な職業にはどんなものがあるでしょうか。まず米国の場合をみてみましょう。

ロバート・ライシュの予言

「研究科学者、設計技術者、ソフトウェア技術者、土木技師、生物工学技術者、音響技術者、PR専門家、投資銀行家、法律家、不動産開発業者、クリエイティブな能力を持つ会計士、経営コンサルタント、金融コンサルタント、税務コンサルタント、エネルギー・コンサルタント、農業コンサルタント、軍事コンサルタント、建築コンサルタント、経営情報専門家、組織開発専門家、戦略プランナー、企業向けのヘッドハンター、システム・アナリスト、広告専門家、マーケティング戦略家、アート・ディレクター、建築家、映画撮影技師、フィルム編集者、工業デザイナー、出版人、作家・編集者、ジャーナリスト、ミュージシャン、テレビ・映画プロデューサー、そして大学教授も含まれる」

——あなたの現在の仕事はこの長いリストの中に入っていますか。

これは米国ハーバード大学の高名な政治経済学者であり、フォード、カーター両政権の有力な政策ブレーンを務め、後にクリントン政権の労働長官に就任したロバート・B・ライシュ氏が約二〇年前の一九九一年に刊行した衝撃的な著作『ザ・ワーク・オブ・ネーションズ——二十一世紀資本主義に備えるために』（中谷巌氏訳、ダイヤモンド社、なお、訳書の副題は「二十一世紀資本主義のイメージ」）の中で羅列した将来有望な職業群でした。

当時、サラリーマンやビジネスマンといった集合名詞的に分類された世界の中に、埋没しながら仕事をしていた私にとってライシュの近未来を見通した洞察力の深さは非常に新鮮に映り、ここに示された職業群のどれにも自分が所属していないことに強い焦りに似た気持ちをいだいたことを覚えています。

少しつけ加えますと、ライシュは当時の経済のグローバル化の方向を見据えたうえで、アメリカ人の職業について新しい分類法を提唱しました。第一は、繰り返しの（ルーティン）単純作業を行う職種という意味での「ルーティン・プロダクション・サービス」であり、第二は対人サービスをする「インパースン・サービス」でした。これらは私たちにも理解しやすいものでしたが、彼が独創的に分類した第三の「シンボリック—アナリティック・サービス」（シンボル分析的サービス）というのは耳慣れない言葉であったこともあり、頭の中で具体的に理解するまでに時間がかかりました。

詳しくは本書をじっくり読んでいただきたいのですが、シンボル（符号、記号、表象）を操作することで現実の事象をいったん抽象的なイメージに単純化し、それらを組み替えることで多面的な分析を可能にし、問題を発見して解決に導くという手法を駆使する専門サービスを指します。その前提にはコンピューターの高度な活用があるはずです。その彼の提唱する第三の職種の具体例が冒頭の長いリストになっているのです。

驚くのは二〇年経った現在でも、彼の予言は生き生きしているということです。確かにここに羅列された人たちの活動範囲はますます広がっていますし、その重要性はこれからも高まることはあっても減ることはまずないでしょう。この本を開いてガツンと頭に一撃をくらった私でしたが、少し冷静さを取り戻して二、三度読み返しているうちにこれらの職業には共通要素が二つあるのではないかと直観しました。その一つは「知力」で勝負する仕事であるということ、そしてもう一つは「タレント性」でした。

この種の職業は程度の差はあるでしょうが、知識とか情報、そして判断力が決め手になるでしょう。タレントは才能とか能力の意味ですが、ここでは芸能界で使うタレントに似ていて「発揮できる」または「発揮している」才能や能力のことで、潜在的な能力とか隠れた才能は対象になりません。この二つの要素、知力とタレント性は人々に独自の価値をもたらし、その人たちの人間性と融合することで魅力ある職業人を創り上げるのだ、と思いました。

その時から私はこういう職種の人たちと接触する機会があると、注意深く観察する習慣をもつようになりました。大組織の中に埋没して仕事をしていた私にとっての大きな発見はこの種の、ライシュの言葉を引用すればシンボル分析的サービスに携わっている人たちは、たとえ大きな組織に属していても、一人ひとりはきわめて個性的だということでした。

独自の価値とは集団ではなく、個を座標軸の原点に置いて考え、行動することから創り出されるものであり、平たく言えば〝○○会社の△△です〞ではなく、〝△△です、現在は○○会社で仕事をしています〞という発想の違いなのだと感じました。

さて、本書の刊行から二〇年経った現在の日本に当てはめて考えるとどういう発見があるでしょうか。ライシュはアメリカ人を考察の対象としていたのですが、多くの点でアメリカに追随してきた日本の状況は当時のアメリカとの類似性がかなり認められます。

たとえば第一の職種、「ルーティン・プロダクション・サービス」は、一方で従来型の単純労働者の数を減らす傾向にありますが、他方では情報処理関係等の分野で新しい単純労働者層を生み出しています。そして近年ではかなりの部分が外国人を含む派遣労働者たちによってまかなわれてきました。昨今は、景気の悪化が原因となって「派遣切り」などというまわしい状態が出現しているのはまことに残念なことです。

ライシュの第二の職種「インパースン・サービス」は文字通り自分のサービスを直接的に相手に提供するものであり地域性の強いものです。彼の提示している事例では、小売店員、ウェイター・ウェイトレス、ホテル従業員、守衛、銀行の窓口係、病人の介護人・付添人、老人ホームや託児所の従業員、タクシー運転手、秘書、美容師、自動車整備士、スチュワーデス、そして警備員などが含まれています。伝統的に女性の従業者の多い職業ですが日本の場合は急速に少子化、高齢化が進んでいるのでこの中の一部の例については雇用の増加が見込まれるでしょう。

第三のシンボル分析的サービスに従事するシンボル分析者は、明らかに二十一世紀における有望な存在であり、これは最近特に加速化しているハード社会からソフト社会、さらにはスマート社会への進化の過程の中でますますその機能的価値が高まるものと予見されます。

ここで言うスマート社会というのは、ハード・パワーとソフト・パワーが社会のニーズに対応してフュージョン（融合、溶解）することで、新しい仕組みや機能、効果を生み出す社会のことですから、シンボル分析者の活躍する舞台はますます広がるでしょう。

とは言ってもシンボル分析者のイメージはなかなかつかみにくく、また今後私たちの社会環境の変化にともなってどのような新しいシンボル分析者が登場するか予見するのは困難です。この点はライシュも認めていて、一つの手掛かりとして図表2-1のような組み合わせを同書の中で

図表2－1　シンボル分析者の組み合わせ

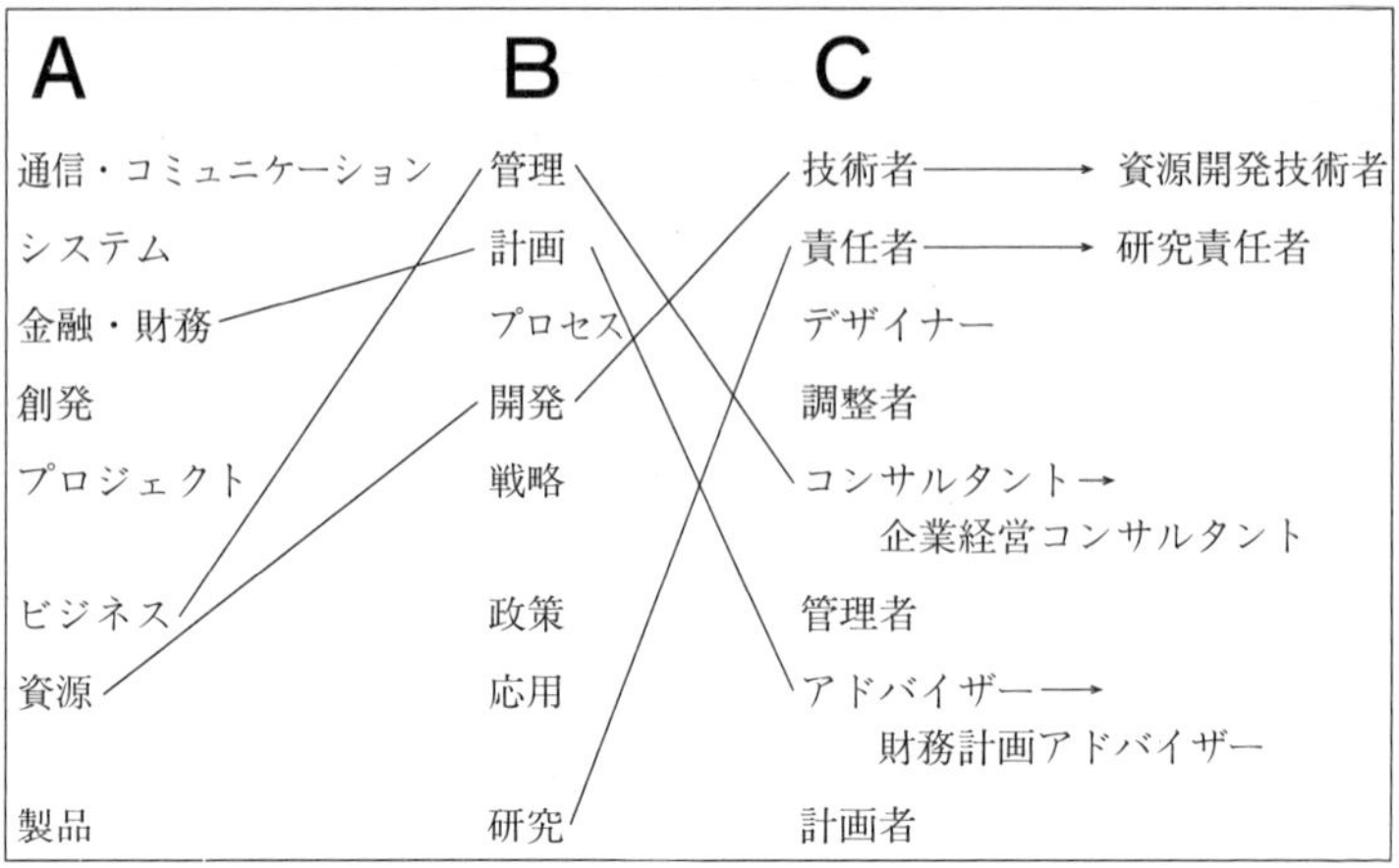

用意しています。

左側のAグループは業種分類、二つめのBグループは機能分類、3つめのCグループは業務分類を示しています。これらを左から右につないでいくとシンボル分析者の姿がみえてくるということで、8×8×8＝512通りの組み合わせが可能となります。また、より単純に考えようとすれば、左側または中央から一語を取り出し右側と結びつけることもできると示されています（例えばProject Engineer〈プロジェクト技術者〉、Creative Director〈創発型事業責任者〉）。

一方、日本では今、資格ブームの時代です。書店の棚には資格関係の本が数多く並んでいます。確かに資格は自分の能力の客観的証明にはなるでしょうが、それだけで収入確保につながると期待するのは早計といわざるを得ません。私の理解では、資格は決して万能薬ではなく、その世界への「入場券」もしくはまさかの時の「お守り」程度のものです。だから資格マニアは別として、通常は自分の性格なり将来の希望に合致しそうなものに限って取得を志すのが現実的だと思います。

また資格も生き物だ、と私は感じるのですが、たとえ資格を持っていても、常に活用するか、または手入れをよくしておかないと錆びついた刀と同じで、いざという時に役に立たないものです。自分の例でお話しすれば、私は学生時代に終身資格の通訳案内業（ガイド）の資格を取り、時々活用してアルバイトをしていましたが、卒業して以後は一度も仕事をしたことがありません。だから今、急にできるはずもなく、錆びついた刀どころではないでしょう。逆に資格取得を目指して学習する、そのプロセスの中で得た知識が後に大いに役立つこともあります。私は四十二歳の時に中小企業診断士試験にチャレンジしました。好きだったゴルフもあきらめ、週末に集中的に学習し模擬試験を何度も受けました。

そして、一年後に自信満々で受験したのですが、結果は「凶」と出ました。その時には大いに落胆したのですが、そのために学習した財務管理、労務管理、経営論、中小企業問題、販売・仕入管理などの諸テーマは、その後の会社における仕事にとても役立ちました。

実は、中小企業診断士試験に失敗したことのリターンマッチのつもりでもなかったのですが、返す刀で、ただちに社会保険労務士受験のための通信教育を受けることにしました。しかしこれは長続きしませんでした。何の予備知識もなく、また明確な動機もなく始めたことですから気持ちが十分に入らなかったのです。

資格取得は注意深く吟味を

この二、三の例から思うのは、やはり資格のために資格を取るのでなく、自分のライフ・ワーク・バランスを踏まえたうえで整合性のありそうなものに絞ってチャレンジした方がよいということです。日本には国家資格、公的資格、私的資格、さらには検定まで含めると実に多種多様なメニューがあります。玉石混交の感なきにしもあらず、ですから注意深く吟味することが大切だと思います。

徹底した実力志向の米国に比べて、日本はまだまだ「資格」が物をいう時期が続くと予想されます。そこでライシュ流にこれから日本で有望そうな資格・職業を私の思いつくままに列挙してみますと――

「公認会計士、税理士、司法書士、行政書士、不動産鑑定士、証券アナリスト、ファイナンシャル・プランナー、マンション管理士、不動産鑑定士、医療事務」などになります。それぞれに難易度も異なりますし収入もまちまち、そして向き、不向きもありますから、一概にどれが最高とは言えませんが、私の以前の仕事に関連して付き合いのあった分野でいえば、証券アナリストの資格を取得して、まだプロのアナリストたちがカバーしていない新興株式市場の銘柄を対象として、データと知見を積み上げていく「新興市場銘柄ウォッチャー」などは、これから大きく花開く分野だと思います。

またファイナンシャル・プランナー（Ｆ・Ｐ）は有資格者も多く、メシが食えない資格の代名詞のように言われることもありますが、他の資格、たとえば税理士、中小企業診断士と組み合わせたり、またＭＢＡ（経営学修士）として磨いた知見と組み合わせることで他人には真似のできない独自の価値をもたせることもできます。なお、Ｆ・Ｐについてはこれを職業として考えるよりは、経済社会で賢く生きていくための実践的教養として身につけることをお勧めしたいと思います。

「不安」の時代が続いています。国家も企業も個人もその中にあって根本的な変革を迫られています。特に雇用不安は深刻であり、社会の安全を脅やかす大きな要素になりつつあります。過去の価値観が当てにならなくなった現在は、しかし、個人にとっては大きなチャンスの時になり得るのではないでしょうか。

現在の状態に安住することに満足していない人、雇用不安を実感している人、新しい野望に燃えている人などにとって、この明らかな時代の変わり目は自分を変える絶好の時になるはずです。あえてリスクをとって新しい仕事に挑戦する、という気概をもっている人たちのために、この社会はなぜベンチャーを必要としているかについて私の考えていることを書いておきたいと思います。

まずベンチャーを考える大前提として「リスクをとって利益に結びつける」という確信的な発想が必要となります。

リスクをとって利益に結びつける

私たちは「リスク」という言葉を日常的に使っていますが、その定義となるとかなり曖昧な場合があります。ためしに辞書を引いてみると「リスク＝危険、危険度」（大辞泉）、「ｒｉｓｋ＝損失［危害、不利、破壊など］の可能性、危険、賭け、冒険」（研究社新英和大辞典）とありました。

この意味ならリスクはとらない方が良いに決まっています。実際に、ビジネスの世界では「リスクをとるな」「リスクを最小限に抑えよ」としばしば言います。リスク＝危険ならば、まさにその通りでしょう。しかしその一方で、「リスクをとらなければ利益は生まれない」、「リスクを恐れていてはチャンスは生まれない」とも言います。この場合のリスクとは利益の源泉というとらえ方をしています。それではリスクの本質は何であって利益とどう結びつくのか、つかない

図表2－2　リスクと利益の関係づけ

不確実性・リスク・利益の本質

フランク・ナイトの「リスク」と「真性不確実性」

○ナイト（Knight）の定義

どのような確率でどのような事象が発生するか（=「確率分布」）が

・判明している不確実性＝リスク（risk）

・判明していない不確実性＝真性不確実性（true uncertainty）

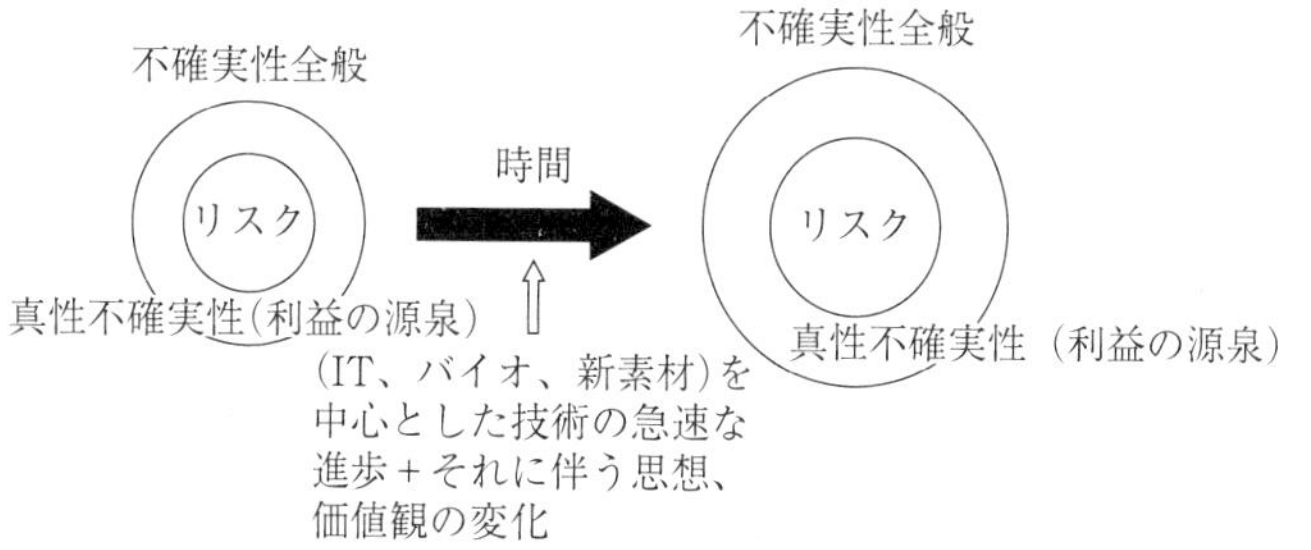

河村幹夫作成の講義資料

のか少し深く考えてみたいと思います。

この関係についてズバリと答えを出したのは、アメリカ人の経済学者フランク・H・ナイトでした。彼は一九二一年に発表した「リスク・不確実性と利益」と題した論文の中で不確実性という概念を導入してリスクと利益の関係づけを行いました。彼の所説を基にして私が作成した図表2−2を使って説明してみたいと思います。

彼は不確実性（全般）という概念を持ちこんで、私たちが日常的に使っているリスクという言葉を、リスクと真性不確実性に二分しました。そして統計学的に確率分布が判明している不確実性をリスクと定義することにし、そうでないものを真性不確実性と定義しました。

そうなると、たとえば火災、交通事故、病気・けがなどは相当程度に確率計算ができますから保険の対象になり得ます。これらをリスクというならば、損失とかコストの発生につながるだけで利益とは無関係ですから保険料を支払うことで対応することができます。私たちが通常リスクといっているのはこういう場合を指すことが多く、その意味では危険と同義であるといえます。

しかし、一方では特にビジネスの世界では、リスクをとらなければ利益は出ない、というようにリスクと利益を関連づけて考えます。この場合のリスクは保険の対象となるリスクとは明らかに異なっています。ナイトはこの利益（または損失＝マイナスの利益）に関連するリスクを「真性不確実性」として区別したのです。つまり利益の源泉は真性不確実性の中に求められるとナイトは主張したのです。

全知全能の神以外には未来を正確に知ることはできません。

しかしそのことは裏返してみれば、未来はすべての可能性を秘めているということでもあります。同じ不確実性でも確率計算ができないような真性不確実性はそれゆえにこそ利益の源泉になり得るのだ、とナイトは考えたのでした。

この図表2-2ではIT、バイオ、新素材を例示しています。ITは、運輸・通信・計算技術を飛躍的に向上させ経済のグローバル化、同時化をもたらしました。バイオ分野は遺伝子解析を通じて人間のさらなる長寿化の可能性を追求しています。また新素材は、宇宙・深海底の開発や新エネルギーの創出に大きく貢献しています。こういう新技術の急速な進歩の担い手はベンチャー企業（大規模会社の新規事業部門を含めて）です。

確率計算のできない真性不確実性の分野に飛びこむことで新しい利益は創出されるのです。リスクをとらなければ利益に結びつかないという発想の原点は、実は真性不確実性へのチャレンジにあると言えます。

それでは、リスクを全くとらなくても利益を獲得する場合はないのでしょうか。一見すると、そういう「おいしい」仕事はあるように思われます。私も長い間のビジネスマン生活の中で何度もそういう可能性を見つけたように思ったのですが、実は厳密につきつめていけばいくほど、やはりどこかに真性不確実性やリスクが存在することに気づくのでした。これは未来は不確実そのものであると思えばしごく当たり前のことなのでしょうが、なかなか割り切れない部分もあるのです。

真性不確実性に果敢にチャレンジして利益を獲得しようとするベンチャー精神が経済社会を活性化するのだとすればベンチャーが生まれない、育たない社会の将来については悲観的にならざるを得ません。もちろん、未知への挑戦ですから失敗する場合も決して少なくないでしょうが、もし再挑戦の機会が数多く与えられる社会であれば挑戦者は続々と登場するでしょう。

最近の雇用不安の状況の中で、それに負けることなく、逆にこの危機的環境をバネにして大きく羽ばたきたいと願っている人も多いはずです。それでは具体的にどうすればよいかについては、まずこれまでの説明——ライシュの二十一世紀の有望職業の予言と、ナイトの不確実性・リスクと利益の関係についての主張——をおさえたうえで次に進みたいと思います。まず必要な時間づくりを考えてみましょう。

第3章　自分自身のイノベーションのための時間づくり
――ビジネス・パーソンの勝負は週末にあり

現代の錬金術者たちの罪

イノベーションという言葉が特にビジネス社会では頻繁に使われています。改革・革新という意味で用いられていますが、たとえばリスクという言葉のように、その人によって受け止め方や理解の仕方が異なっており、実際に議論しているうちに、同じ言葉を使ってはいるが意味しているところは同じではないということが分かり、議論が振り出しに戻ってしまうという場合もあります。私はそういうことを恐れて、大きな辞書を開いてまず説明を読んで、そこから考えていく習慣をもっています。

イノベーションは私の手元の辞書（大辞泉、小学館刊）ではこう説明されています。①新機軸。革新。②新製品の開発、新生産方式の導入、新市場の開拓、新原料・新資源の開発、新組織の形成などによって、経済発展や景気循環がもたらされるとする概念。シュンペーターの用語。また狭義には技術革新の意に用いる。

それでは、と同じ辞書でシュンペーターを引くと、［一八八三―一九五〇］オーストリアの経済学者。一九三二年米国に移住。計量経済学会の創立者の一人で、その会長や米国経済学会会長を務め、企業者による新機軸（イノベーション）を中心とする独自の経済発展理論を展開。著「経済発展の理論」「景気循環論」「資本主義・社会主義・民主主義」「経済分析の歴史」など、と解説してありました。

ついでに新英和大辞典（研究社刊）でinnovationを引くと、1．新しい事［物］を採り入れること、刷新、一新：（技術）革新 2．新方式（のもの）、新機軸、新制度、新施設、新商品：新規な事物、とありました。辞書を三度引くだけでこれだけの知識が得られるのですから有難いことです。

確かに「新しいモノ、サービス」が次々に市場に投入されており、消費者はむしろ選択に悩むことも少なくありません。従来の商品やサービスには的確な評価眼をもっている人も、イノベーションの果実のような新しい商品などを提示されると判断に迷ってしまいます。その好例が近年の「金融工学的手法を駆使した新金融商品」でした。新しい手法で大衆をだますのは数え切れない事例がありますが、今回のいわゆるサブプライムローンを使った金融バブルは、基本的には金融のプロ同士の勝負によって引き起こされたものでしたから、一般大衆投機家が巻き添えを食う状況は直接的にはありませんでした。

それがパンドラの箱を引っくり返したように多くの国家・企業・個人に大きな被害を直接・間接に与えてしまう結果になってしまったのはなぜでしょうか。世界経済がグローバル化していたことももちろんですが、実は、ごく一部の非常にIQの高いクォンツと総称される数学理論に優れた人たちが創り上げたデリバティブズという新金融商品を、マネーに対する欲望だけにとりつかれた金融のプロたちが世界中に販売したためでした。

このデリバティブズはまさに金融の世界におけるイノベーションの産物でした。経済的な富を増加させる古典的な考え方は、マネーを集めて資本とし、それで商品を購入・販売をしたり、原料を調達し加工して製品として市場に投入することで、より多くのマネーを獲得する。それを元手にしてまた次の仕事をするというマネー――モノ・サービスの生産――より多くのマネーという拡大再生産を繰り返すことでした。

それが私たちの常識になっていたのですが、デリバティブズを中核に据えた金融工学の発展は、このサイクルの真ん中のモノ・サービスの部分をカットして、マネー――マネーという短絡的で即効的な富の創造のプロセスを創り上げました。クォンツと彼らを取り囲んで欲望の目をきらきらさせていた現代の錬金術者たちは、これは偉大なイノベーションだと、自画自賛していたのですが、それが本物でなかったのは中世の錬金術者の場合と同じでした。しかし決して許すことができないのは中世の錬金術者と異なり、現代の錬金術者はその行為が創り上げた災いの種を、世界中にまき散らしただけでなく、そのプロセスにおいて獲得した巨額のマネーを持ち逃げしてしまったという事実です。最近の米国の政治・経済の混乱はその影響がいかに深刻か、ということを端的に示しています。

私たち個人のレベルでの教訓も数多くありますが、最も大切なものの一つは「イノベーション」という場合に、それが誰による、誰のためのものであるか、をできるだけ吟味する心構えだと思います。はじめに調べたように、この言葉は耳ざわりの良い響きをもっていますが、たぶん、それゆえにこそ、それにつけこんで荒稼ぎをしようとする動機に基づいた人と、商品・サービスが現れるのです。消費者は、それが新しく、創造的にみえるだけに、何の評価力ももたないままにそれにとびついてしまう衝動をおさえきれません。

正体をつきとめるまではつき合うな

デリバティブズという新しい金融用語が広く使われるようになったのは一九九〇年代中頃でした。私はその頃から、多少の専門的知見をもっていたこともあって、機会があれば「デリバティブズはきれいなお化けのようなもので、魅力的な言葉をささやきながらあなたにすり寄ってきますが、その正体をつきとめるまでは決してつき合ってはいけません。もしどうしても正体不明のままだったらギブアップしてください。きれいで魅力にあふれたそのお化けを背後であやつっているのは、ＩＱのきわめて高い冷徹なクォンツという名の錬金術者たちかもしれませんよ」という「デリバティブ妖怪論」を唱えていました。しかしお化けは千変万化、なかなか正体がつかめないものです。なかには善玉お化けもいるでしょうが、用心するに越したことはありません。自分に都合の悪い状況が発生すると、お化けと黒子の錬金術者は音もなくいつの間にか姿を消してしまうのです。

だからといって金融工学理論やデリバティブズそのものを非難するのは明らかに誤りです。それらは不確実性から発生するリスクや真性不確実性を管理するための有用なツールであるという経済社会的価値はいささかも変わりません。イノベーションを理解するのは、言葉のうえではともかく、現実の個々の場合には決して容易ではありません。

さて、それでは個人のイノベーションとは何でしょうか。よく似た語感をもつ言葉に「自己啓発」がありますが、自分が自ら気がついて短所を正す、足りない点を補う、長所・有利点を伸ばす、というように自己完結的な意味合いが強いように感じられます。それに対して、個人のイノベーションや自己革新の場合は、自分を競争や批判の場にあえてさらすこともいとわずに、もっとオープンな気持ちで、個人との接触や、新しい機会にチャレンジしながら自分を磨き上げていくというダイナミックな姿勢を感じます。そういったところで、私はイノベーションというとらえ方に最近は親近感をいだいています。

言葉の使い方の問題はともかく、啓発でも革新でも大きな時間づくりが必要になります。そしてこれが忙しく働いているビジネスパーソンにとっては、大げさに言えば永遠の課題ともいえるような実現困難なことに思えます。しかし他方では、「好きなことには時間がついてくる」という言い方もあります。本当にその気になれば必要な時間はつくれるものではないでしょうか。まずは私自身の体験について触れてみたいと思います。

サラリーマンの勝負は週末にあり
――私の仕事プラスアルファを充実させた五〇〇〇時間活用法

これは私が一九九〇年に刊行した本のタイトルです。出版していただいた、ごま書房（当時）の編集者Dさんがつけてくれたもので、私は長い書名で覚えにくく、何か挑発的に感じるのでいやだ、変えてほしいと抵抗したのですが押しきられてしまいました。

当時、私は三菱商事の電子事業本部長という、大げさな肩書をもつ典型的なサラリーマンでしたので、あまり挑発的な書名はいかがなものかと思ったのでした。原稿料目当ての副業のつもりではありませんでしたし、それなりの出版の動機もあったのですが、何といっても企業戦士マインドが旺盛だった時代の産物ですから、店頭に並んだあとの反応が気になりました。

しかし私の心配をよそに、売れ行きは上々で出版社は次々と増刷して結局は一〇万部を上回ったようです。今でも講演会などで、赤線があちこちに引かれた、手垢のついた本書を差し出されて、「これを書いたのはあなたですよね」と言われると目がうるんでしまいます。平日はもちろんのこと、週末でも会社人間でいることを暗黙のうちに要求されていた二〇年前のことですから逆にこの書名は編集者のDさんの予見通り読者にアピールできたのでしょう。彼はこんなキャッチコピーも表紙に出しました。

「商社マンの仕事に全力投球しながら、ライフワークを持ち、シャーロック・ホームズの研究で一九八九年度日本エッセイスト・クラブ賞を受賞した著者が、体験をもとに語る、サラリーマンとしての時間の作り方・使い方」

この本は当時は大いに売れたのですが、残念ながら現在ではすでに絶版になっていますので、ごく簡単に要点を箇条書きにしますと――

一、その気になれば週末に一〇時間ぐらいは自分の時間がつくれる。年間五〇週として五〇

○時間を何か一つのことに集中すれば誰でも何か自分の興味のあることとの専門家になれる。ちなみに大学生が一年間に講義に出席する必要時間はそれ以下である。

二、「二足のわらじ」ではなく、あくまでも「プラスアルファ」でやる。本業にはもちろん全力投球するが、週末にはプラスアルファのための時間をつくり、自分の好きなことに全力投球する。

三、プラスアルファは人間の幅を広げることで仕事にもプラスになる。また個人的にもプラスアルファをもっていれば、会社を離れたあとでも心豊かな人生を送ることができるはずである。

四、プラスアルファを始めるのは四十五歳が目安になる。最も忙しい時期だろうが、自分で時間管理できる立場になる。それまでは仕事一筋でよい。仕事ができる人ほど時間管理も上手である。

五、二足のわらじ、でなく仕事プラスアルファである。その人の評価の第一の部分は、本業である仕事でなされるべきである。お金をもらっている仕事で高い評価を得られないのにプラスアルファの部分で高い評価を得ることはありえないだろう。

六、誰でも仕事以外に好きなことが一つはあるはずだ。私の場合は若い年齢で入院した時に、終身雇用制度に頼り切っていると危ない。定年までわが身は安泰などと考えないで、まさかの場合のために手に職をつけようと思いはじめた。中小企業診断士に挑戦。失敗。それでもサバイバルのために何か専門性をもつべきだとの考え方は変えなかった。
七、ロンドン駐在中にシャーロック・ホームズの研究をはじめ、ある水準にまでは到達したいと決心し、二年間はプラスアルファとして没頭した。帰国してから書いた「シャーロック・ホームズの履歴書」が幸運にもエッセイスト・クラブ賞を受賞した。
八、サラリーマンにとって、早朝の時間はダイヤモンドである。私は一時間半かけて七時半前にはオフィスに着く。それから始業時間までの二時間ほどが私の仕事用フリータイムになる。この時間を徹底的に有効利用する。
九、週末は通勤しないだけでも片道一・五時間、往復三・〇時間、二日間で六・〇時間になる。それだけでもまとまった大きな時間がつくれるはずである。そのカギは金曜日の夜をどう使うかにある。週末の勉強は集中・気分転換を繰り返して持続させるようにする。
十、仕事をやめてからもプラスアルファは人生を支えてくれる。他人から尊敬され、自分も満足できることをもつのが最高だ。仕事は競争だが、プラスアルファは競争せずに自分のペースで楽しくやろう。自分だけの人生観をもってネアカに生きてみたい。

要約が長くなりましたが、二〇年前はまだ会社人間全盛時代でしたから、この程度の主張をするのも勇気がいった時代でした。この小さな本を一〇万人以上の人に読んでいただいたという事実は、しかし、画一的で金太郎飴的なサラリーマン人生を受容していた人たちの中にも、何とかして自分自身らしい納得のいく人生を送りたいと願っていた人も決して少なくなかったことを示していると思います。そういう人たちの心の琴線に触れ、共感を得たのでしょう。

それから二〇年。労使関係のあり方も根本的に変わりましたが、現在でもビジネスパーソンが自分の自由にできる時間を当時に比べて多くもっているかとなると、さてどうでしょうか。いろいろな形でのノルマは厳しくなっていますし、それにも関連してサービス残業は恒常的になっているようです。先日、長年の友人である大企業の診療所の所長さんの話を聞きましたが、明らかにストレスに原因のある心身症、特にうつ症が急増しているとのことでした。今回の大不況に起因した雇用不安が拡大する中で、自分の現在の収入を確保するためには多くの願望を抑制しなければならず、将来をみすえた大胆な行動などはとてもとれないと思っている人も多いでしょう。

そういう厳しい環境の中ですが第2章でも触れたように、最近は資格取得熱が高まっているとの報道もあります。就職活動に役立てようとする学生、教養や仲間づくりを目的とした中高年だけでなく三〇歳から五〇歳代にかけての中堅ビジネスパーソンたちの間でもいろいろな動機をもって資格取得講座に通う人が増えているようです。

私も長年にわたり社会人専用の夜間大学院で講義をしていますから、仕事でくたくたになった

図表3－1　時間・集中度と成果の関係

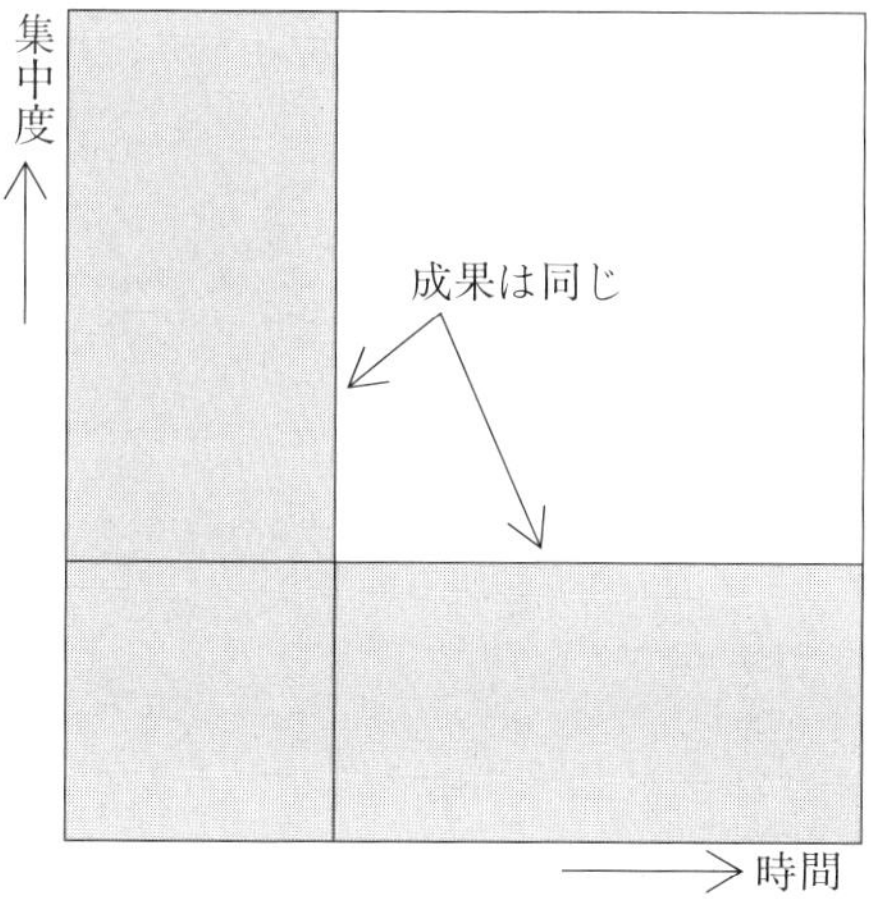

疲れた体を引きずるようにして出席する学生諸君の熱意には頭の下がる思いですが、彼らのためにも「学び続ける者は最後には勝つ」という信念に基づいて一所懸命に指導しています。

資格取得を志すにしても社会人大学院に通うにしても、大切なのは有効な時間管理と不退転のガッツです。資格を取る、修士号を取る、と決意したら成就するまでがんばり抜かねばなりません。今まで以上に自分の環境に合わせた自分時間の創出と管理が重要になります。

そこで特に注意しておきたいのは時間の量と質の関係です。どんな人も平等に一日二四時間持っているのですが、その使い方は千差万別です。その中で自分自身が自由にできる時間をなんとか創出して自己啓発をしようとすれば、図表3-1を見ても分かる通り「集中度」が非常に重要になります。散漫な気持ちでだらだらと仕事に取り組んでも満足できる成果はなかなか得られませんが、必要に迫られて、または期限や締切りに追われて短い時間で全力を集中して結果を出そうとするとそれなりの成果につながるものです。

私も長い間ビジネスの世界で仕事をしましたが、ある意味でビジネスは時間との勝負です。ですから、与えられた時間をどう賢く使うかによって、できる人、できない人の区別がついてしまうのは止むを得ないことだと割り切っていました。人それぞれ、その時々の心身の状態によって集中度は異なるのですが、仕事に勝つ人というのは、できるだけベストな状態に自分を置きながらガッツをもって集中的に仕事に取り組める人だと思います。

特に最近は、世界の主要国の間で、この大不況を克服し経済を再び成長軌道にのせるための大型の財政投融資政策が続々と発表されています。日本もその例外ではありません。短期間のうちにはともかく、中・長期的には必ずその効果は出てくると確信します。しかも、それはグリーン・ニューディールに象徴されるようなエネルギー革命、農業革命、生活革命をともなったものになるはずです。私たちの生き方、働き方も影響され大きく変わっていくことが予想されます。

時間を有効に活用しながら新しい時代にふさわしい知見をもつように努力することが必要だと思います。新しい時代に活躍するためには個人としてのブレークスルーが必要になりますが、そのために第二次大戦後にまでさかのぼって今回の金融危機の本質がどこにあったのか簡単におさらいしておきたいと思います。

まだ大不況は続いており、出口もみえていない状況ですから軽々しい判断はできないとしても、戦後の米国の経済発展の歴史を概観すると次のような米国経済の変貌がみてとれると思うのです。

第二次大戦に参戦した米国は多くの人命を失いましたが自国本土は戦場とならず、戦争遂行のために限界にまで拡大された生産力は傷つくことなく戦後に引き継がれました。通常ならばここで平時経済に戻るための相当な調整が必要だったはずですが、米国は疲弊した欧州の同盟諸国に対しマーシャル・プラン等による購買力を付与することで、純然たる戦後復興を支援することと米国製品の輸出という二面同時作戦を成功させました。

米国の製造業は規模においても、競争力についても卓抜した地位をもち続けることができたのです。

しかし、やがて敗戦国であった独・日が奇跡的ともいわれた戦後復興を成し遂げ、米国の輸出市場、さらには米国国内においても米国の製造業の地位を脅かすようになりました。

製造業の付加価値構造が脆弱になった米国は、金融業の競争力向上に力を注ぐようになりました。八〇年代の米国はいまだ抜群の経済力をもつ大国でしたから、それを背景として金融業は世界の隅々にまで勢力を拡大していきました。しかしドルの力はベトナム戦争を転機として衰退し、ついに一九七一年のニクソン・ショックで他国と同じ純然たるペーパーマネーに転落していきま

図表３－２　最近40年間の世界経済の大事件とその影響

年	事　件	影　響
1971	ドル・金本位制の崩壊（ニクソン・ショック）	日本円切上げ→308円
1973	日本と主要国が変動相場制に移行	長期にわたる円高トレンドの始まり
1973	第一次石油危機	原油価格は最終的には約４倍に上昇した
1979	第二次石油危機	原油価格は最終的には約３倍に上昇した
1985	プラザ合意	急激な円高への為替調整
1987	ブラックマンデー	NY ダウは一時20％も急落した
1990	日本のバブル崩壊	10年間にわたる長期不況の始まり
1990	中東湾岸戦争	原油価格は40ドルまで高騰
1992	英ポンド危機	ジョージ・ソロスの大量売りで最終的にポンドは切下げられた
1995	円急騰	対ドル相場79円をつけた
1997	アジア通貨危機	タイ→インドネシア→韓国へと通貨暴落が波及した
1998	LTCM 破綻	ロシア財政危機が引き金となった
2000	IT バブル崩壊	NASDAQ 暴落
2001	米国同時多発テロ（9.11）	米国はイラク制裁に踏み切った
2007	サブプライム危機	今日も続く世界経済・金融混乱の始まり

河村幹夫作成

した。

それでも二度の石油危機を克服し、ついに第二次大戦終了時から続いていた東西冷戦に勝利した米国は、九〇年代のひとり勝ちの黄金時代を謳歌することになります。そして世界の超大国としての地位を守るために取り出したツールが情報革命でした。米国はこの分野で世界の主導権をとったのですが、過熱するのも早く、情報・ＩＴ革命は数年たらずでバブル化し、そして破裂してしまいました。

このあと米国は覇権を維持するために再び金融に戻っていきました。デリバティブズと総称される新しい金融工学商品を開発し世界中にばらまいたのです。石油、金属などの有形商品の高騰と日本を中心とした低金利政策が過剰流動性を発生させ、その大きな部分は新金融商品に向かいました。

マネーがより大きなマネーを生む、この仕組みはやがてカジノ資本主義と呼ばれるようになりましたが、「最後の買い手」が現れなくなった瞬間にこのバブルは不可避的に破裂してしまいました。製造業に携わる人たちが付加価値をつくるために流す「熱い汗」ではなく、カジノに狂っていた人たちが最後に流したのは「冷たい汗」でした。

米国は再び製造業に活路を見出そうとしてもそれは少なくとも短期的にはたぶん無理でしょう。自動車産業に象徴されるように米国の製造業は明らかに競争力を失っているだけでなく、金融業の破綻的状況が必要な資金の供給すら不可能としているのです。

米国を震源とする金融大地震は、巨大な津波となってたちまち欧州、アジア、そして極東に位置する日本にまで押し寄せ甚大な被害を与えています。各国とも協調的に、または個別に何とかこの危機的状況から脱出すべく懸命の対策を打っているのですが、なにぶんにも震源の米国の状態が沈静化しておらず、あるいは第二、第三の津波も起こり得るとすれば、抜本的な手を打ちにくいのも事実です。最悪の事態はこれからやってくる、と恐ろしい予想をすれば、今、すべての手段を出しつくすのは決して得策とはいえないでしょう。それほどに事態は深刻であり、ある意味では絶望的とまで言えるかもしれません。

それでは、座してハルマゲドン（世界の最終の時）を待つか、といえばそこまで私たちは無気力にはなれません。人間が犯した愚行は人間の知恵で解決しなければなりませんし、またできるはずです。

日本について言えば、まず政府は本予算、補正予算、緊急対策などあらゆる政策手段を動員して景気を刺激しようとしています。その方向性は正しいとして、これまでのように「政」のリーダーシップが弱い状況では、政策立案のイニシアティブは「官」に移り、結果として各省ベースの利害関係を反映したバラマキ型の、乗数効果があまり期待できそうにない対策の羅列になっているのではと懸念されます。新しい政権がどのような手を打つかに関心が集まっています。

またそれに見合う財政的手当は、となるとこれもまだはっきりしない部分が残っています。不況が続けば税収は落ちこみますから不足分は赤字国債でつなぎ、将来において、たとえば消費税大幅引き上げと景気回復による税収増加で補填するというシナリオになるのでしょうか。いずれにしてもお寒い限りです。

企業も懸命です。どう評価するかは別として、まずは大量解雇を中心としたコストの引き下げからはじまり、ありとあらゆる手段をつくして規模を縮減して企業の生命維持を計ろうとしています。こういうピンチこそ、実はチャンスであるというのは経営者ならずとも誰でも分かっていることですが、金融機関の貸し渋りも続いている状況下では、イノベーション的発想にまではたどりつけないというのが経営者の本音ではないでしょうか。

さて、本題の第三の経済主体である個人家計はこういう困難な環境の中で、何ができるでしょうか、また何をすべきでしょうか。こういう不確実性の大きい時こそ起業に挑戦すべき、と強調したいのは山々ですが、現実をみればみるほど、まだその時ではないと思わざるを得ません。特にある程度の規模の資金投下を必要とする起業は慎重に考えた方が賢いと思うのは、たとえ種銭（シードマネー）を提供してくれるエンジェル（初期投資家）をみつけることができても、またその程度の当初資金を自分、または仲間内で調達できるとしても、やがて追加資金（前向き、後向き）が必要となった時、大きな壁にぶつかってしまうのです。金融機関や商社は決して起業家の夢やロマンには乗ってこないからです。

起業家の自信からいえばあと一歩で成功、というその段階で資金が途絶えてしまうという残念なケースを、仕事上私は何度もみてきました。山登りでいえば、やはり胸突き八丁のところが最大の難所になるのです。

しかし、前章で列挙したライシュの有望職業のリストに載っているようなものは、本来的に自分の中にある能力で勝負する性質のものであり資金的な要素はプライオリティをもっていないでしょう。とすれば、結論的に言えば現在の大不況という逆風の中で船出するならば、まずは自分の能力だけでできる、たとえばコンサルタント的な起業をして、それを続けながら天の時がくるのを待って本来の起業を自分で立ち上げようとするか、または現在は臥薪嘗胆の時と判断して自分自身のイノベーションに力を注ぐかのいずれではないかと思います。さらに、イノベーションの精神とガッツを内に秘めながら現在の仕事を続けるのも堅実な生き方かもしれません。

また、自己実現の気持ちを強く持っているならばＮＰＯをつくったり、公職、たとえばまずは町会議員になるなどして第一歩を踏み出すこともできます。最近の例では脱サラして市会議員になり、ついに市長にまでのぼりつめた人もいます。

「小さな時間」を無駄なく活用する

さて、時間づくりについて二、三補足しますと、大きな時間で大きなテーマに集中するためには、小さな時間を無駄なく活用して、小さなことを効率よく処理しておくことが必要になります。日常生活には小さな雑事が沢山あります。たとえば一五分あれば片づけられることを放っておくと、それらは累積して週末の一大行事になり、それらを処理するためにせっかくつくり上げた週末の大きな時間が雑事処理に使われてしまうのです。

私はこれを不本意ながら「雑事優先の原則」と言っていますが、雑事といえども期限のあるものはいつまでも放っておくわけにはいきません。私も平日にたまった書類や本に目を通したり、手紙の返事を書いたり、自分の部屋の中の整理をしたりと、一つ一つは一五分もあれば処理できるはずのことを週末までためてしまって、大きな時間を使っての一括処理となってしまう、という哀れな体験を重ねてきました。

私は時間の活用については前述（図表3-1）のように面積（時間の長さ×集中度）として理解するように努めています。自分が自由に使える時間をできるだけ長くもつように努めますが、せっかく苦心してつくってても散漫に使ってしまうのでは意味がありません。それを避けるためには、週末の大きな時間に入る前の自分のコンディションづくりが大切です。眠気が残っていてはいけませんし、くよくよする、または気にかかることが頭の中を支配しては集中力が維持できません。

また、その時間に入ってからテーマに関連する探し物をするようでは、あっという間に時間が失われます。入念な事前準備や雑事を小さな時間でこなしておき、大きな時間で大きなテーマに没入するという時間管理が大切だと経験上からも確信します。

第4章　ライフ・ワーク・バランスの再構築と人生の複線化
——なりたい自分になるために

年齢を重ねるほど少なくなる「幸福度」

不況がますます深刻化する中で雇用情勢も急激に悪化しています。非正規社員の一斉大量解雇に端を発した人員削減の動きは正社員にも広がろうとしていますが、この傾向に歯止めをかけるため、二〇〇九年三月に政府、日本経団連、連合の政労使三者間で雇用の安定・創出に向けた緊急対策が合意されました。その中から生まれたのがワークシェアリングの考え方です（第1章図表1-1）。

しかし、たとえば一人が一週間で行う仕事量を二人でシェアすれば、一人当たりの収入は半分になり、自由時間は二倍になる計算ですから「副業」の可否ということが問題になります。これはまた、それ以前から一部では真剣に論じられていた「ワーク・ライフ・バランス」とも関連してきます。ワークもライフも人間にとっては非常に重要な概念です。「ワーク」は、仕事、労働、務め、職業などを示す言葉ですし、「ライフ」は生命、生涯、生活、人生などの意味をもっています。両方とも大きな意義を有していますが、概念の広さからいったらライフが上でしょう。ライフの一部としてワークが位置づけられます。それでも並べて使用する場合には、ワーク・ライフの順になるのは決して偶然とか語感ではなくてそこに大きな意味が潜んでいるというのは考え過ぎでしょうか。

私の理解では、仕事優先、そしてその結果としての働き過ぎ、個人生活・家庭生活を犠牲にしてまでの長時間拘束という労働慣行のもたらす社会的な歪みを是正して、仕事と生活の間に均衡や調和を求める、という思想がこの言葉の順序にこめられていると考えられるのです。それも納得できるのですが、やはり本来的にはライフの一部にワークがあると考えるのがより自然だと思います。そうでないとワークシェアリングの問題も発展的に考えにくいからです。

もっとも現状では日本の場合はまだまだ仕事中心の生き方が意識の上では支配的であります。『厚生労働白書』(平成二〇年版)によれば、「仕事と生活の調和の考え方」(図表4-1)について、まず、現在の仕事と生活の優先度では男女とも「どちらかといえば仕事」が「生活」を圧倒的に上回っています。また将来についても、「同じくらい」が代表的ですから、現在、将来にわたって「仕事好き」の日本人のライフスタイルが明確に表れています。

図表 4－1　仕事と生活の調和の考え方

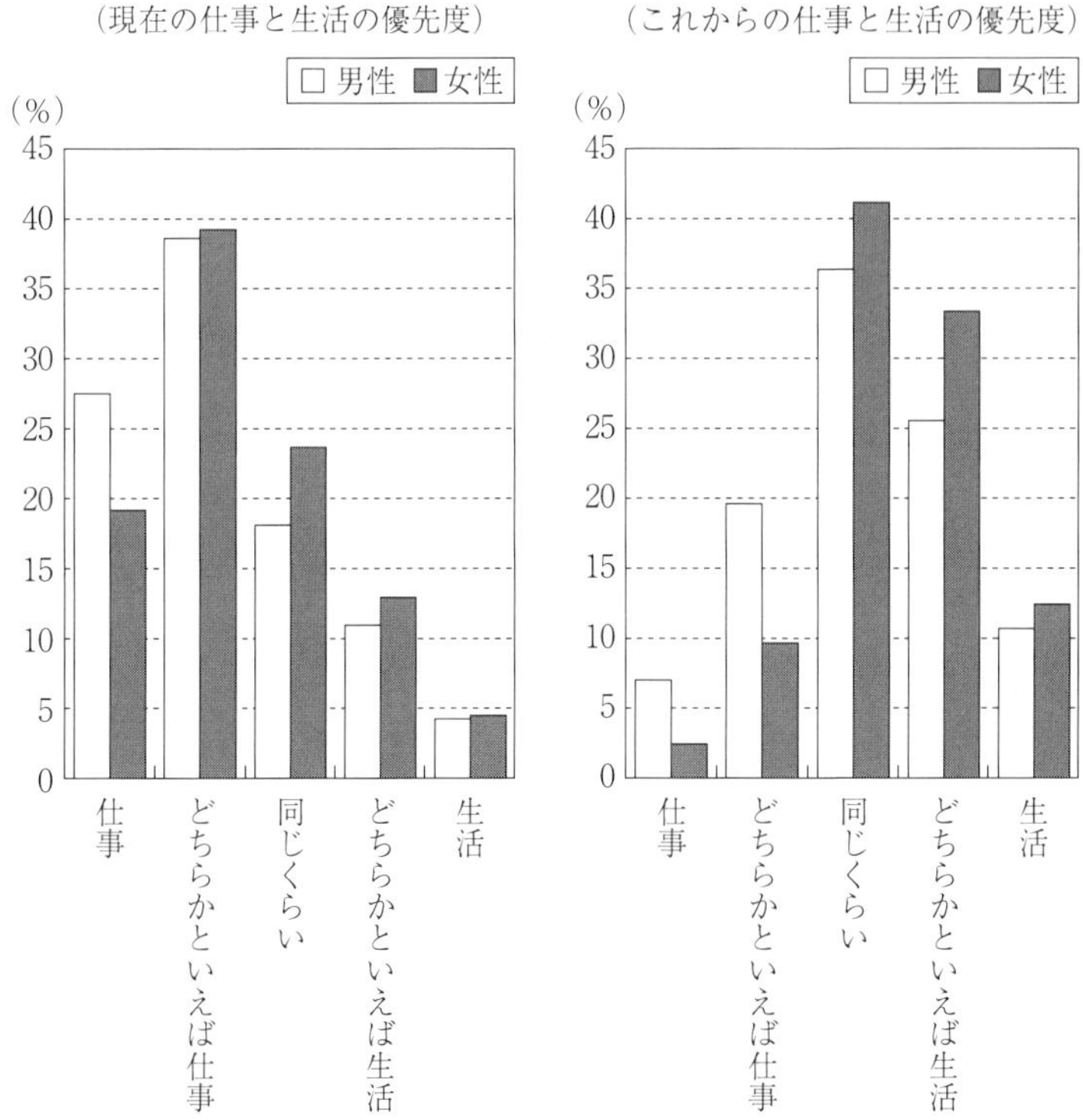

独立行政法人労働政策研究・研修機構「経営環境の変化の下での人事戦略と勤労者生活に関する実態調査（従業員調査）」（2007 年）

資料：『厚生労働白書』（平成 20 年版）

それでは日本人は仕事をエンジョイしているか、といえばどうもそうではないようです。今度は『国民生活白書』（平成二〇年版）をみますと、全国の一五歳以上八〇歳未満の男女二、三九三人が複数回答した結果では、ストレスの原因第三位が「職場や学校における人間関係」となっているのです（三四・四％）。またこの白書の中ではストレスについて異なった角度からの分析も行われていますが、二〇〇七年の統計ではストレスを強く感じる人一一・四％、やや強く感じる人四一・七％ですから、実に五〇％以上、つまり二人に一人は明らかにストレスを感じていることになります（図表4－2）。

また日頃のストレスの程度を年齢層別にみると、働き盛りの三〇歳代、四〇歳代が最もストレスを感じている、という結果が出ています（図表4－3）。それでも日本人が仕事中心のライフスタイルにこだわるのはなぜでしょうか。その秘密を解く鍵はどうやら「幸福度」とか「生活満足度」の低さにあるようです。これらは主観的な要素が多く、その定義などについては国民生活白書（平成二〇年版）の本文を参照していただきたいのですが、掲載された表だけを追っていくと、驚くべきことに日本人一人当たりの実質ＧＤＰは右肩上がりに増加しているにもかかわらず、生活満足度は右肩下がりに低下しているのです（図表4－4）。

また、幸福度については日本人は一五歳から一貫して低下する傾向が続き、六〇歳を過ぎた頃に最低になり、それからは横ばい傾向になります（図表4－5）。これはアメリカ人の場合と対象

図表 4－2　ストレスを感じる人の割合の推移

●ストレスを感じる人が半数を超えている●

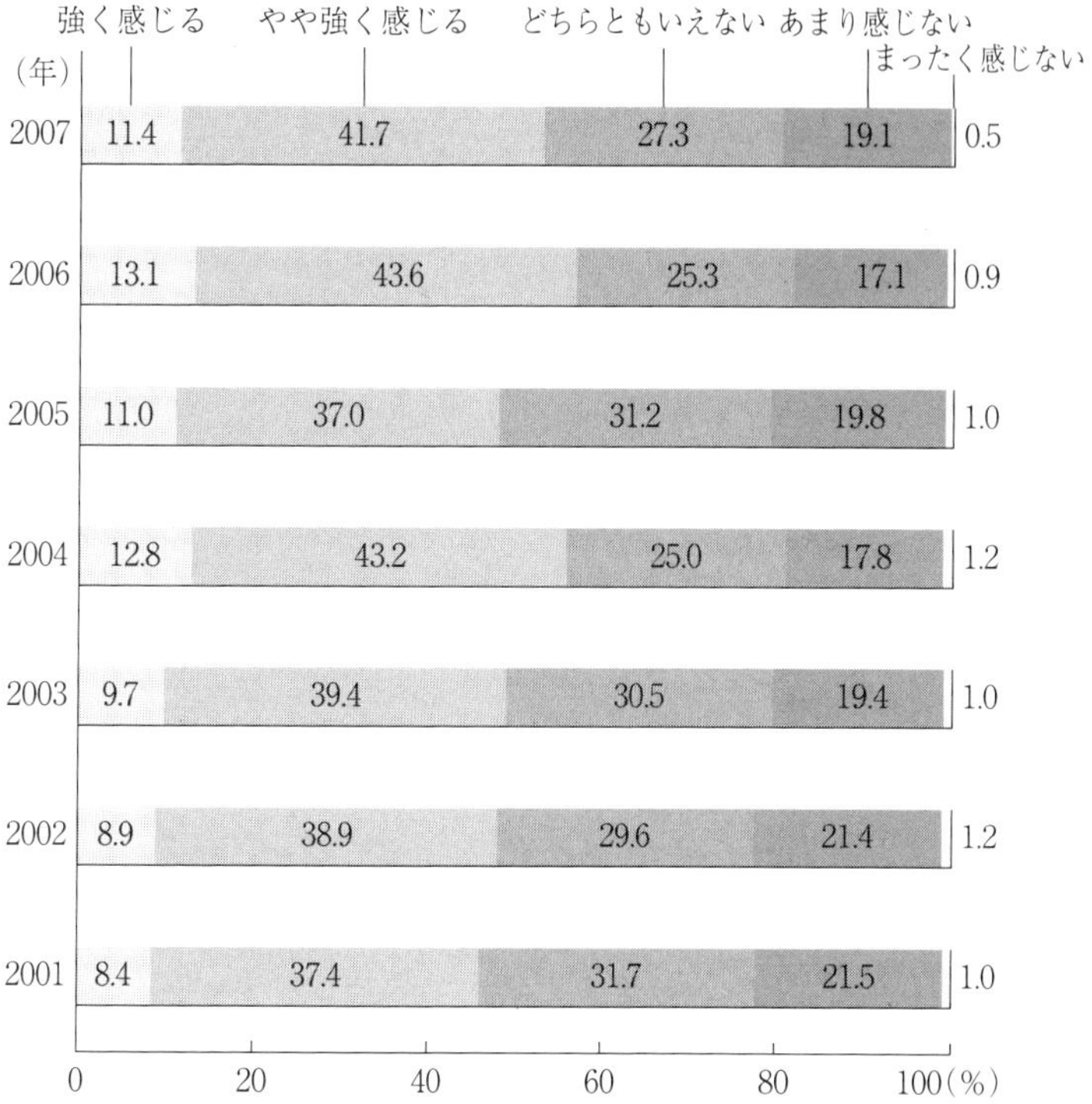

(備考) 1. アサヒビール株式会社お客様生活文化研究所「食と健康のセンサス」により作成。
2. 「あなたは普段、どの程度ストレスを感じていますか」との問いに対する回答者の割合。
3. 首都圏の 15 ～ 69 歳の男女 1,000 人。

資料：『国民生活白書』(平成 20 年版)

図表4－3　日頃のストレスの程度（年齢層別）

●20代から50代では日頃ストレスを感じている人が6割を超えている●

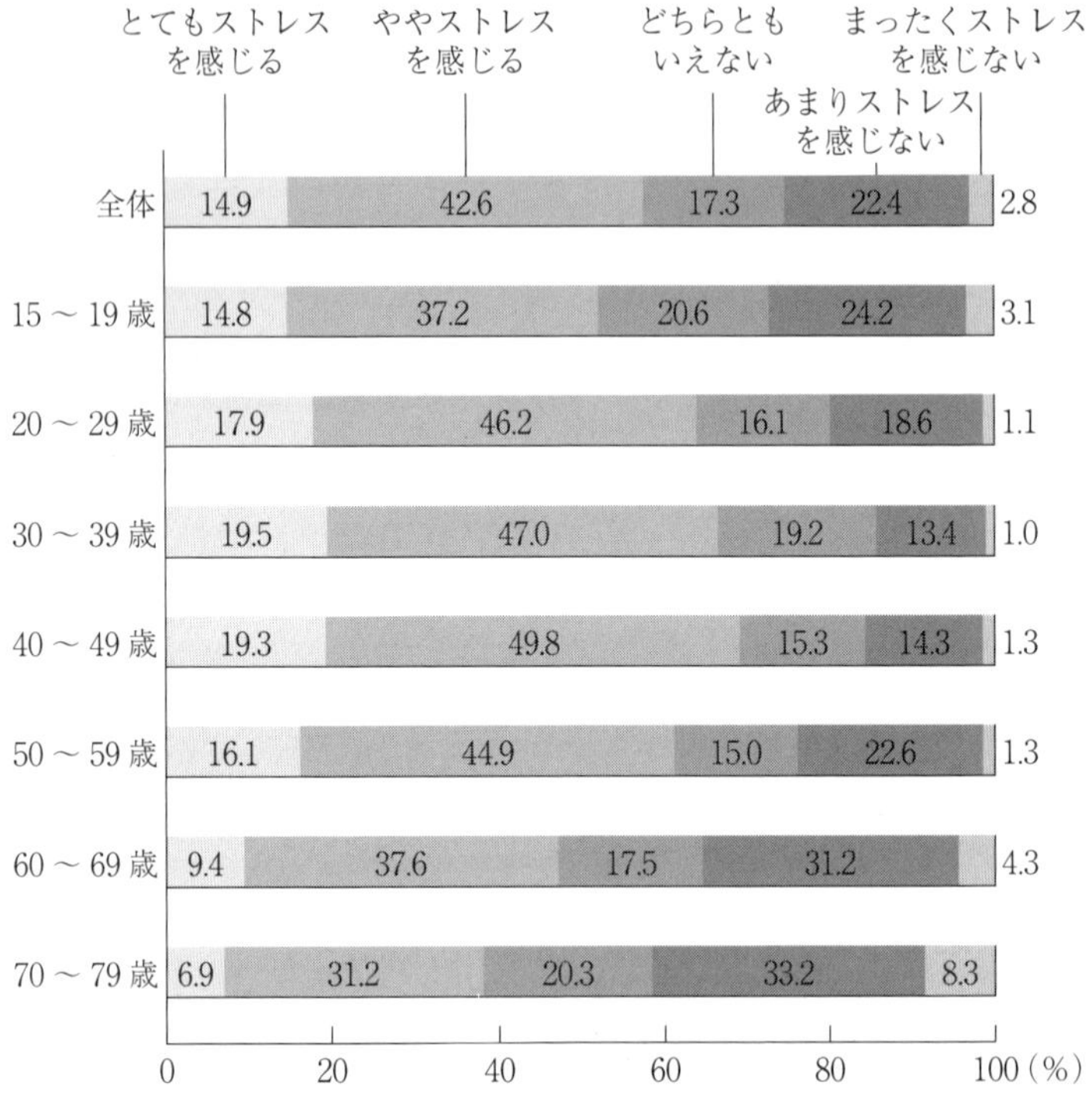

（備考）1. 内閣府「国民生活選好度調査」（2008年）により特別集計。
2.「あなたは日頃、ストレスを感じますか（○は1つ）」との問いに対する回答者の割合。
3. 回答者は、全国の15歳以上80歳未満の男女4,163人（無回答を除く）。

資料：『国民生活白書』（平成20年版）

図表 4－4　生活満足度及び 1 人当たり実質 GDP の推移

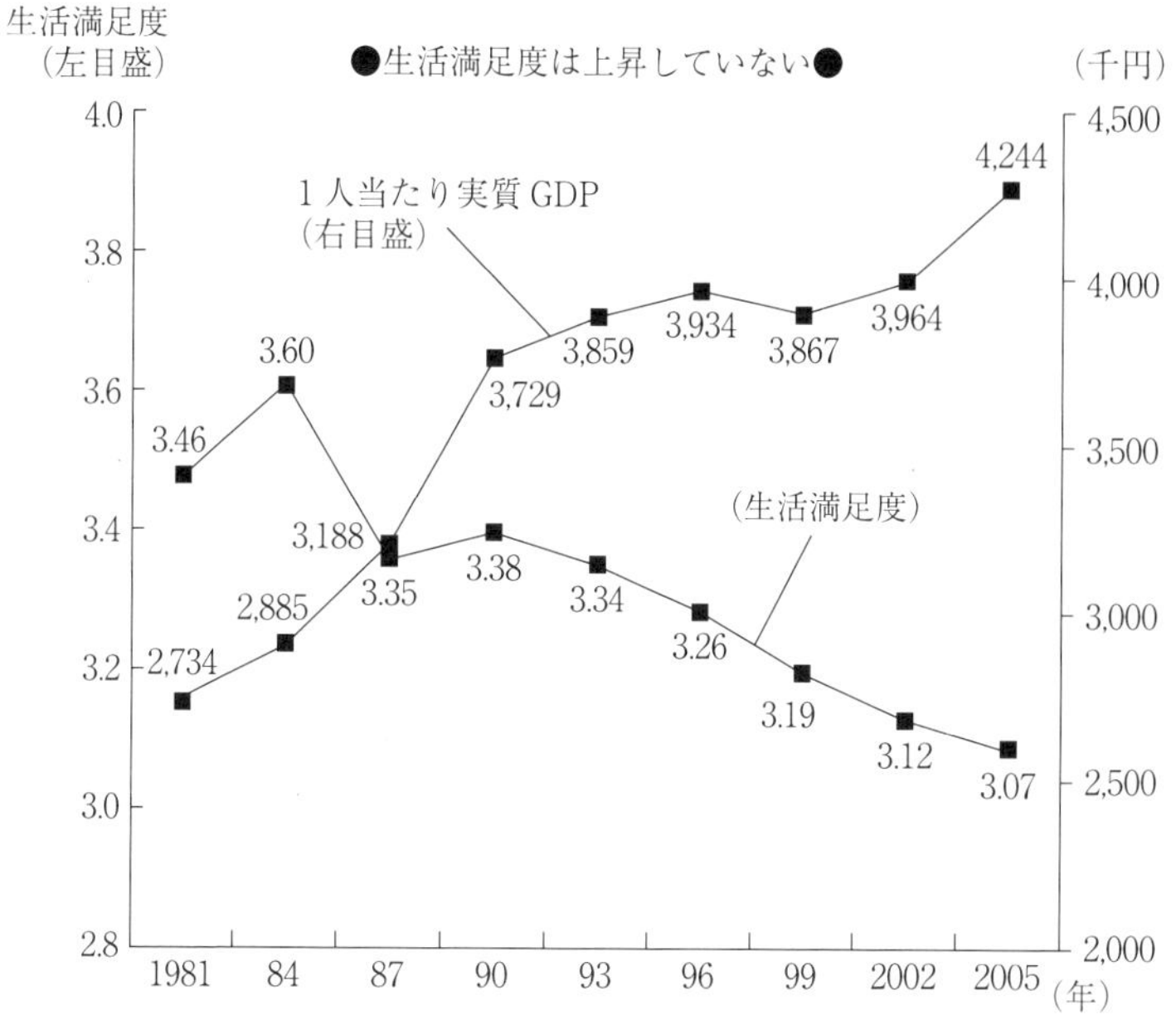

（備考）1. 内閣府「国民生活選好度調査」、「国民経済計算確報」（1993 年以前は平成 14 年確報、1996 年以後は平成 18 年確報）、総務省「人口推計」により作成。

2. 「生活満足度」は「あなたは生活全般に満足していますか。それとも不満ですか。（○は一つ）」と尋ね、「満足している」から「不満である」までの 5 段階の回答に、「満足している」=5 から「不満である」= 1 までの得点を与え、各項目ごとに回答者数で加重した平均得点を求め、満足度を標準化したもの。

3. 回答者は、全国の 15 歳以上 75 歳未満の男女（「わからない」、「無回答」を除く）。

資料：『国民生活白書』（平成 20 年版）

図表4－5　年齢による幸福度の推移

●日本人の幸福度は高齢になっても上昇しない●

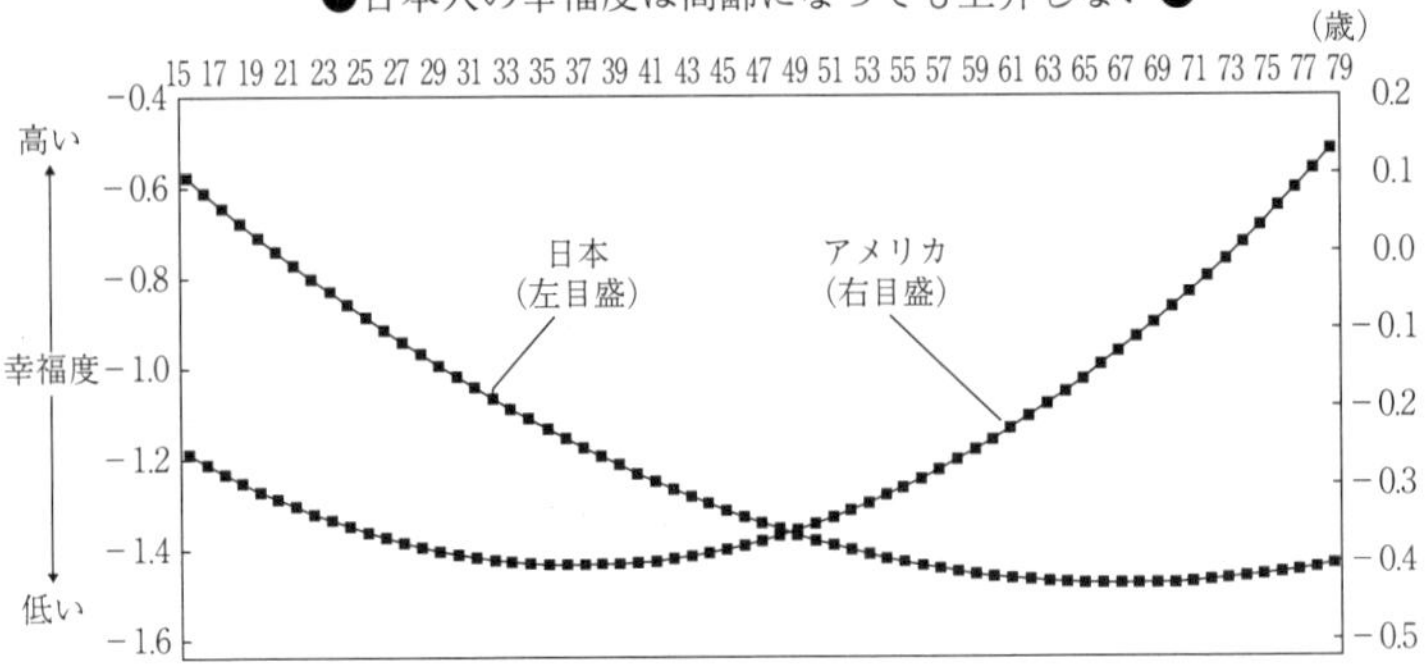

(備考) 日本については、付注第1−3−1掲載の年齢および年齢の二乗の推定結果により作成。アメリカについては、David. G.Branchower, Andrew J.Oswald「Well－Being Over Time in Britain and the USA」掲載のTable4（1）の年齢および年齢の二乗の推定結果により作成。

資料：『国民生活白書』（平成20年版）

図表4－6　ストレスの原因

●さまざまな要因がストレスの原因になっている●

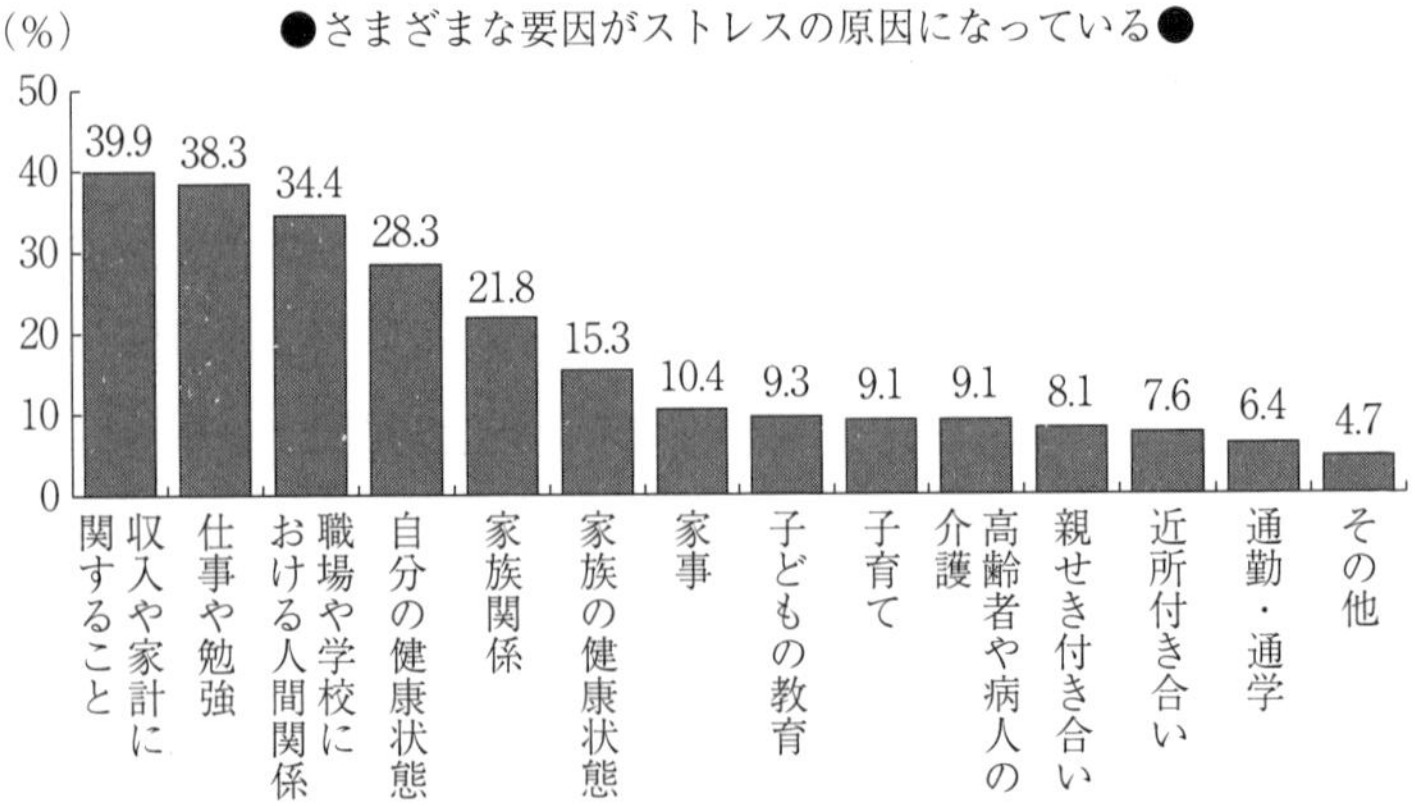

(備考) 1. 内閣府「国民生活選好度調査」(2008年) により作成。
2. 「あなたは日頃、ストレスを感じますか。(○は1つ)」という問いに、「とてもストレスを感じる」、「ややストレスを感じる」と答えた人に、「そのストレスの原因として、あてはまるものは何ですか（あてはまるもの全てに○)」と尋ね、回答した人の割合。
3. 回答者は、全国の15歳以上80歳未満の男女2,393人。

的で、彼らは働き盛りの三〇歳代で幸福度は最低になりますが、それからは一貫して上昇します。総括すれば、私たち日本人は収入は増え続けているが、生活満足度はますます低下する傾向にあり、また年齢を重ねていくほど幸福度も少なくなっていく、という謎めいた、説明しがたい状況にあるのです。

ここで図表４‐６をみますと、日本人の感じるストレスの原因の第一位は「収入や家計に関すること」（三九・九％）、第二位が「仕事や勉強」（三八・三％）になっています。また「労働時間と幸福度には負の相関が見られる」という資料もあります（図表４‐７）。ここまでくれば謎の多くは解けたような気がします。

私たち日本人はいつの間にか伝統的な価値観を忘却し、ひたすら物質的な豊かさのみを追い求めています。しかしそれは「逃げ水」のようなもので、近づけば消え、また手の届くはるか先に現れる。追い求め続けるうちにストレスはたまり、疲労感と徒労感だけが蓄積するが、今さらやめるわけにいかない。他の人たちも皆同じことをしているのだから――。

非自発的な奴隷、農奴の労働と異なって現代社会における労働や仕事は、収入獲得という本来の目的だけでなく、それを越えて自分が作業したことに対する達成感、社会に貢献したという満足感、仲間と共同でやったという連帯感、さらには自己実現（なりたい自分になる）の欲求充足にも関係する非常に重要な意味をもっています。

図表４－７　幸福度と１人当たり平均労働時間（OECD28カ国）

●労働時間と幸福度には負の相関が見える●

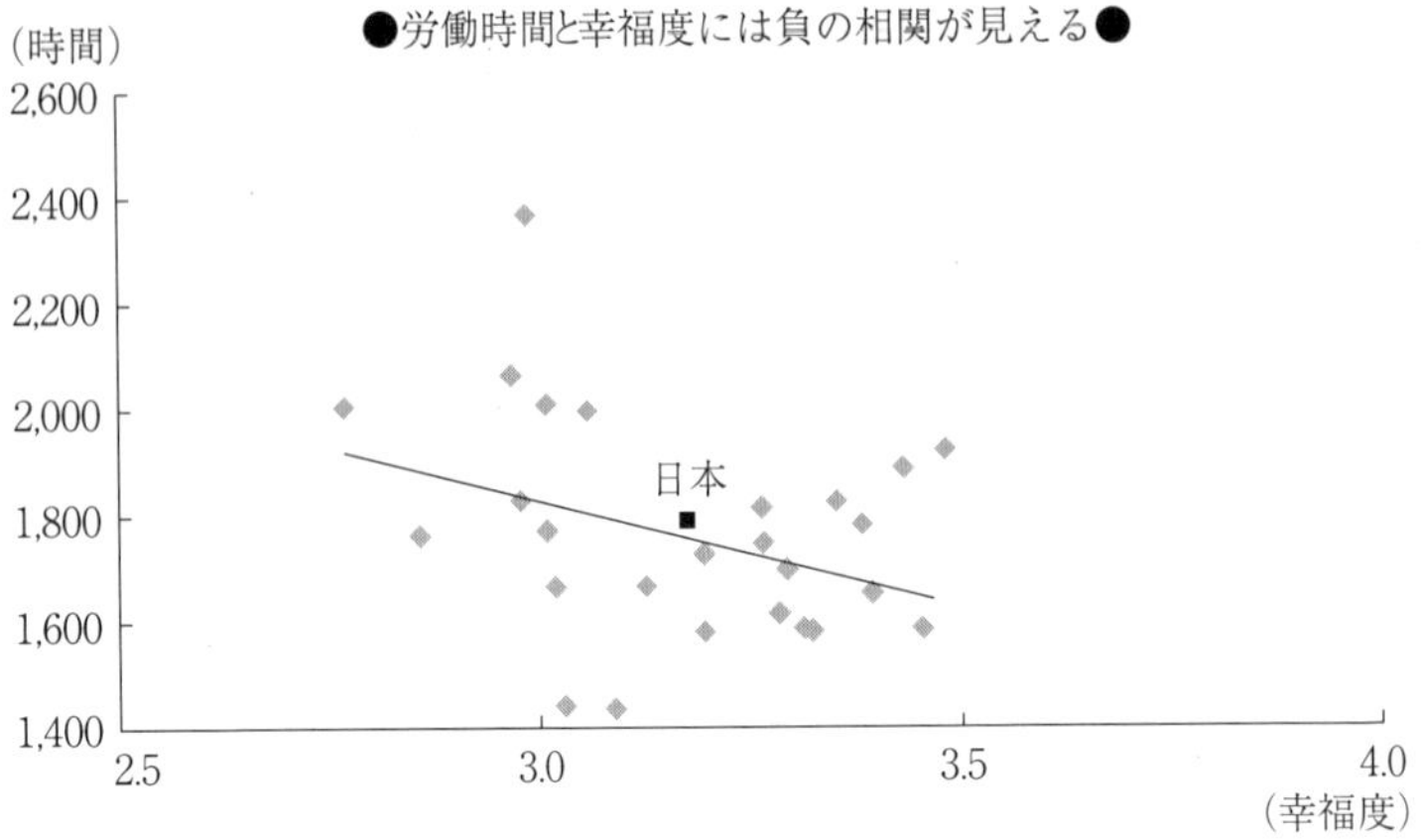

（備考）1. 1人当たり平均労働時間についてはOECD「OECD Employment Outlook」、幸福度については以下のデータを使用。Veehoven,R.,World Database of Happiness,Distributional Findings in Nations,Erasmus University Rotterdam.Avaiable at:http://worlddatabaseofhappiness.eur.nl（2008/11/18）

2. 分析結果

(幸福度)＝3.7480＋(－0.0003)×(1人当たり平均労働時間)、R^2＝0.1233

(12.649)　(－1.912)　※(　)内はt値

資料：『国民生活白書』(平成20年版)

図表４－８

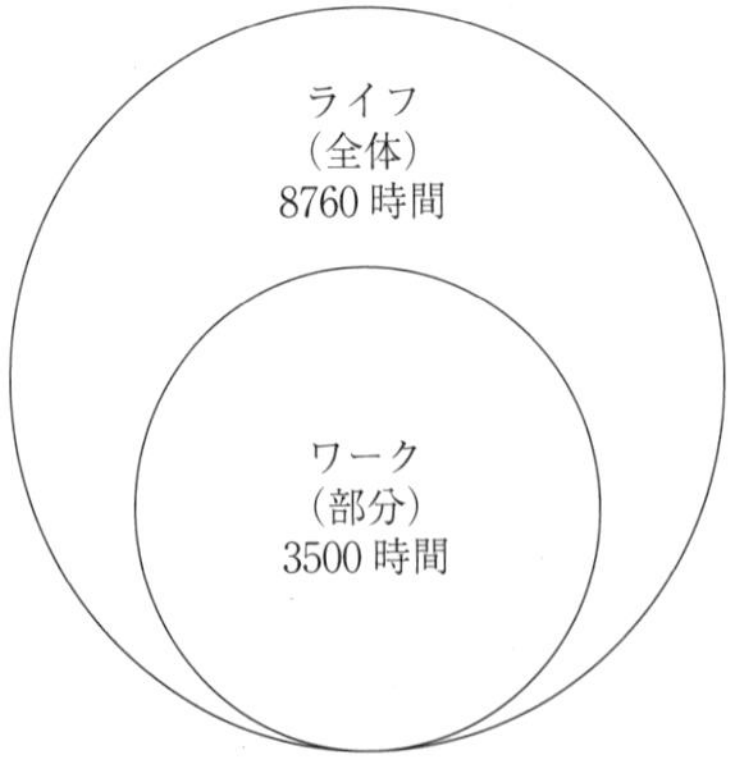

ライフ＝24時間×365日
ワーク＝14時間×250日

だからこそ、雇用している側の経営者はできる限り雇用を維持するように努めなければならないのです。経営者に課せられた最も重要な社会的責務は、ニーズに応える製品・サービスを適正な価格で安定的に供給するだけでなく、税金をきちんと支払うことと、従業員の雇用維持を計り収入を増加させることにあるはずです。

この点からみれば、フルに働く意欲をもっている人の働く機会と収入の両方を削減するというのは決して評価される措置ではないはずですが、一時的な緊急避難的措置として合意されたのでしょう。

「もう一つの仕事」をもつ

その結果として減る収入と増える時間について、どう考えるべきでしょうか。まず収入の減少への対応としては積極的に「もう一つの仕事」をもつべきだ、と私は思います。これはいわゆる「副業」である必要はありません。そんな腰かけ的な一時しのぎの感覚ではなく、この逆境を好機ととらえて新しい仕事づくりに取りかかるのです。

どちらが正業、副業ではなく二本（複数）の収入路線を敷こうと試みるのです。収入は必ずしも時間と正比例するものではありませんから、現在の就業時間の外で、週末起業をしてもう一つの収入を得ている人は少なくないでしょうし、頭の回転や、独自の知識・情報をベースとして時間的にはごく短い中で収入を得ている人がいることも私は知っています。

「副業」という概念は、雇われている側は「就業規則」に拘束されており、多くの場合、兼業や副業は原則的に禁止されているのに、それをかいくぐってやる、という響きをもちがちです。しかし、今回のワークシェアリングの実施によって、企業側は従業員が失われた収入の補塡のためにいわゆる「副業」を禁止することは困難になるはずです。現にいくつかの大企業では条件つきながらも副業を公認する方向にあるようです。

これは企業側が従業員のライフをすべてにわたって拘束する時代の終わりを告げていることではないでしょうか。当然といえば当然ですが、企業と従業員の関係は拘束時間中のワークの関係であり、それを越えるライフの部分はその人自身の自由裁量に名実ともに任されるのです。これは人間の生き方としては素晴らしいことだと思います。なぜなら精神的にも物理的にも他人から拘束されない時間が増えることは、その人自身の生き甲斐の追求や自己実現につながってくるからです。私の理解するライフ・ワーク・バランスを図示すると図表4-9のようになります。

このバランスを考える場合は量と質とに分けることが大切です。まず、量については明らかにライフ（全体）との間に不均衡がある、つまりワークが過多になっていればこれを是正しなければならないという認識があります。確かに一日二四時間のうち何割がワークに支配されているでしょうか。往復三時間の通勤時間＋会社での実質拘束時間が一〇時間、食事、通勤前後の着替え時間を一時間としてそれだけで一四時間になります。残りわずか一〇時間のうちに朝・夕二度の食事と睡眠をとればそれ以外のことはほとんどできません。今、思い出してみるとビジネスパーソン時代の私の睡眠時間は、せいぜい六時間あるかないかでした。この例よりはるかに過酷な条件でワーク中心の生活を続けざるを得ない人たちも多いはずです。

さらに一年三六五日のうち、本当にワークを離れた自由な休日をどれだけもてるでしょうか。土、日に（より正確には一週に二日）通勤が必要なければ週末五〇〇時間活用もできますが、会社の研修や仕事上のつき合いでゴルフなどをやっていたら、これも絵に画いた餅になってしまいます。

私も長い間、メシ・フロ・ネルを呪文のように毎晩となえて玄関を開けてもらっていました。これではいけない、とそのたびごとに反省していましたが、どうにもなりませんでした。どうしてでしょう。私はやはり実質拘束時間が長すぎたのだと思います。会社の規定する拘束時間を減らすことも重要ですが、それに加えて、同一組織の中で非公式または馴れ合いで、いつの間にか慣習や作業風土のようになっている「相互拘束」はないでしょうか。

私が商社に入社した当時は、上司（たとえば課長）が帰宅のために席を立つまでは自分の仕事があろうとなかろうと部下は誰も「お先に失礼します」と言えませんでした。新入社員の目には異様な光景に映りましたが、先輩の説明では、上司はいつ、どんな指示を出すか分からないのだから部下は常に待機していなければならない、ということでした。しかし、まだIT以前の時代でしたから地球のどこかで発生した事件が瞬時に世界をかけめぐり、さまざまな影響をもたらす、などということはほとんどあり得なかったのです。

それでも課長はじっと席にいたのです。秘密はすぐにとけました。課長が帰らないのは部長が在席しているからです。部長が席を離れないのは、別の執務室にいる役員から突然電話がかかってくるかもしれないからです。そうと分かれば話は簡単で、役員秘書の女性をスパイにして（というのは大げさですが）、○○役員はただ今お帰りになりましたという電話を一本もらうようにしておけば万事解決します。戦時中の言葉を使えば「警戒警報解除」となれば部長を先頭に、うまく時間差を保ちながら階級順に防空壕ならぬオフィスから抜け出せるのです。

役所は別なのかもしれませんが、こんなマンガチックな例は、現代のビジネスには残っていないと確信します。それでも、それぞれの会社には「企業風土」がありますから、組織構成員間の「相互拘束」が皆無だとは言い切れないと思いますので、お互いの時間を尊重し合い、不必要に、また過度に仲間を拘束しないように、お互いに気を遣わなければならないという合意を形成したいものです。

ライフ・ワークの間にバランスをとるといいますが、その比率はどのあたりが適正なのでしょうか。もし、バランスを言葉通りに使えば、ライフ1対ワーク1、つまりワーク一二時間、それ以外も一二時間というのが目安になるでしょう。もし先ほどの「相互拘束」のような、ライフとワークの間のグレーな部分を排除できれば、私たちもメシ・フロ・ネルの呪文から解放されそうです。

それでも、ライフ・ワーク・バランスの質の問題は残ります。注意しなければならないのは、ストレスの問題です。ワークの場でのストレスだけでなく、家庭を含むその他の場でのストレスですが、これは組織や制度の問題というよりは属人的な要素が強いと考えられますので、解決も簡単ではないと思います。またこの種のストレスは相互に影響し合う性質のものですから、たとえ産業医のような専門家の手を借りても、根本的解決は非常に困難ではないかと懸念されます。不定愁訴的な要因による場合も少なくないようですから、職場も家庭も、一にネアカ、二にネアカ、三、四がなくて五にネアカ、といきたいところですが、そんな簡単な話でないことは私も十分自覚しているつもりです。

政策的配慮も重要であるのは論をまちません。特にワーキング・マザーの負担をできるだけ軽減させるための施設だけでなく雇用者側の時間的配慮など、さらには家庭内高齢者介護問題も含めて、産・官の緊密な協力体制が不可欠です。

ただ、政策的配慮の行きつくところは、個人または夫婦にそれぞれが最適と考えるライフ・

ワーク・バランスを主体的に決定できる選択肢をできるだけ広く与えることだと思います。なぜなら、それはそれぞれがもつ価値観に帰着するからです。

たとえば、若いうちにバリバリ働いてお金も出世もできるだけ早く手に入れて、それから子供をつくり、優雅でゆとりのある生き方をしたいウサギ型の人もいれば、スロー・アンド・ステディ、まずは家庭生活を最も大切にしながら、お金も出世もほどほどについてくればよいと割切っているカメ型の人もいます。その中間の考え方の人ももちろん多いでしょう。

私がある研究会で偶然知り合った三人のビジネスパーソンがいました。それぞれの卒業した大学は異なっていますが、年齢は皆、三〇歳前半で明るい性格の人たちでした。三人はすぐ仲良くなったようで、親のような年齢の私も彼らの性格や人生観に魅力を感じて時には酒をかこんで歓談するようになりました。やがて面白い発見がありました。

まずGさんですが、彼は就活時代からいわゆる会社選びには興味を示しませんでした。大会社なら歯車になるし、中小会社ではオーナーをトップとする人間的なしがらみにまきこまれる。ボヘミアン的な性格でもあったのでしょうが、彼の言葉を借りれば「自分の自由をすべて売ってしまうような」生き方はしたくなかったのです。彼はその頃流行していたフリーターになりました。両親と同居していましたから、自分のポケットマネーがあれば良いぐらいの考えだったようです。自分で好きなように自由時間を設定できると期待していたようですが、やってみると現実はそれほど甘くはないし、自分が何をやりたいか本当には分かっていなかったので結局はブラブラする時が多くなった。

そこでGさんはもう少し拘束の強い仕事の方が自分のためになるのではと思ってトライしたのがファストフードの「店長候補」でした。実は名ばかりで毎日の仕事は店の中での下働きだったようですが、毎日一定時間働けばあとは自由というのが気に入ったそうです。彼はその仕事を現在も続けており、研究会には彼の自由な持ち時間で出席しているのです。まだ独身生活を続けていますが、収入はもっとあった方がよいということで雑貨品のネット販売にも手を出しているそうです。そんな生き方で将来の不安はないの、と親代わりのつもりで聞いてみましたが、「大丈夫ですよ。飯ぐらい何とか食えるものです。もし、〝カミサン〟と一緒になったら彼女の収入も加わりますから、より健全財政になるでしょう」と屈託がありません。

対称的なのはHさんです。いわゆる一流大学の工学系の出身ですが、新卒で一流の経営コンサルタント会社に入りました。キャリアを積み上げるためのステップ・ワンのつもりだったそうです。数年後、ヘッドハンターの勧めで国内系のファンド投資会社の「役員候補」になり、そこで腕を磨いた後、今度はもっと大きな外資系の同業に転職しました。現在は役員直前の地位にあるそうです。その間約一〇年、高収入をエンジョイしたらしく、立派なマンションを購入し、美人の妻をめとり、まさにウサギ型ですが、最近の金融危機下では彼の人生も一つの曲がり角にあるだろうと私は推測しています。

それに引き換え、Ｉさんの人生は堅実そのものです。優秀な成績で大学を卒業し、関西の大手私鉄会社に就職しました。二、三年の現場勤務を終えて現在は東京の関連会社に出向しています。何事にも真面目に正面から取り組む、好感のもてる青年です。彼自身が笑いながら告白したのですが「できちゃった婚」だったそうで入社三年目に結婚、すでに二人の子持ちだとのこと。収入もまあまあ、将来もあるところまでは約束されているそうで、「ノー・プロブレム」の人生だそうです。

たまたま、三人の例をあげましたが、私自身の学部ゼミの出身者たちも、実に多様な生き方をしています。私は「一期一会」の精神で、彼らの就活も積極的に支援しましたし、就職後もアフターサービスのつもりで、求めに応じて彼らの悩みを聞いたり、時には転職の相談にのったりもしています。数十年前にまなじりを決して永久就職の気持ちで入社し、会社に指示されるままに仕事をし、忠誠心と引き換えに、終身雇用・年功序列の枠組みの中で仕事、仕事と明け暮れていた私たちの世代と比べれば、現在の世代は何の保証もないがそれだけ自由に人生設計ができるうらやましい人たちだと人生の先輩の目には映るのです。

私は、ライフ・ワーク・バランスがもっと主体的にとれるようになることを強く願っています。ついでに考えれば、定年などでワークを失った人たちのバランスはどうなるのでしょうか。ワークの代わりになるもの、それがないとバランスの感覚は失われてしまいます。人生とは最後まで難しいものだと思うこととしきりです。

アー・ユー・ハッピー？　とアメリカ人たちはきさくに声をかけてきます。まだ若い二〇歳代の終わり頃にアメリカで生活するようになった私は、最初はこの問いかけに非常に戸惑いました。自分が少しばかり沈んだ気持ちになっている時、仕事の状態がかんばしくない時、または自分の意に沿わない結論を出されてしまった時などに相手が私を気遣う気持ちを込めて、それほど深刻には考えないで発してくれた言葉なのでしょう。

「どうだい調子は」とか、「大丈夫かい」「万事うまくいってるかい」ぐらいの、T（時）・P（場所）・O（場面）でいろいろとニュアンスは変わるのでしょうが、ハッピー＝幸せという訳語しか知らなかった当時の私は、ずいぶん大げさな言い方をするものだと当惑を通りこして、幸せという非常に大切な言葉をかくも軽々しく使ってほしくないものだとすら感じていました。

それから数十年後の今日、日本でも、本当に私たちは幸せなのだろうか、という問いかけが再びなされています。日本は現在でも経済大国という評価を受けており、私たちの多くもそう信じています。実際、私たちの日常生活でも衣・食・住という生活の基本三要素のうち、住を除いた衣と食については世界のどの一流国にも見劣りしない水準を維持していますし、社会インフラも十分整っています。また通貨の価値も安定しています。

現在のところは、年金、医療、介護も制度的にはきちんと整備されています。これらの総合的な効果が世界一の長寿国という現実をつくり上げているという評価もできるでしょう。幸いなことに、周辺諸国から軍事的挑発を受けることもなく平和な数十年を過ごしています。

他国の人々からみれば、これほどの楽園的国家は存在していないでしょう。やっかみをこめて「愚者の楽園」呼ばわりをする人もいるかもしれませんが、しかしこの経済大国はもう一つの側面をもっていることに私たちは気がつくようになってきました。それは自殺大国でもあるということです。

私は仕事の性格上、電車に乗る時間がまちまちなのですが、最近時々耳にするのが鉄道での「人身事故」のアナウンスです。事情通の人から、その多くは自殺によるものだと聞いている私は、そのたびに胸が痛み、暗い気持ちになってしまうのです。

ある雑誌記事によると、日本の自殺死亡率は人口一〇万人当たり二三・七ポイント、世界第八位で男女別では圧倒的に男性が高いのだそうです（「平成二〇年自殺白書」）。自殺に至った経緯の職業別事例としてあげられていたのが、被雇用者の場合は①配置転換→過労→仕事の失敗→うつ病→自殺、②職場のいじめ→うつ病→自殺で、自営業者の場合は①事業不振→生活苦→多重債務→家庭の不和→うつ病→自殺、②失業→再就職失敗→やむを得ず起業→事業不振→生活苦→自殺、だそうです。さらに職業についていない人たちでも①身体疾患→休職→失業→生活苦→多重債務

↓うつ病↓自殺、②子育ての悩み↓夫婦間の不和↓うつ病↓自殺、となっていました。

それにしても、なぜ私たち日本人はこれだけ世界一流の物質的豊かさに囲まれながら、しかも数十年にわたる平和の果実を享受しながらも「幸せ感」が乏しいのでしょうか。

私なりに大胆な推理を試みると次のような仮説が浮かび上がります。まず第一は核家族化のもたらした伝統的な家族的連帯感の喪失です。特に大都会ではその傾向は顕著です。つい数十年前までは三世代の家族が一つ屋根の下に住んで一緒に寝起きをし、食事を共にし、間断なく言葉を交わしていました。それがごく当たり前だったのです。家族全体が分業と協業を繰り返しながら苦楽を共にしていたのです。

もちろん、現代的な感覚からいえば短所もあるでしょう。家父長的権威が強く自分自身の判断や行動がとりにくい、プライバシーがない、財布の中まで共有化されてしまうなど。当然一長一短はあったでしょうけれども、その中で家族の精神的安定は得られ、自分の境遇に満足し、幸せを感じることができたのではないでしょうか。お盆や年末の帰郷ラッシュが毎年続くのは、私の目にはかつての安定的な家族的連帯の再確認を求めての回帰の旅のように映るのです。

第二は、コンピュータの発展が人間を温度差のない無機質なコミュニケーションの世界に没入させてしまったことです。生身の人間同士があるテーマや話題について、彼我の温度差を感じながら対面し会話しながら両者の立場や考え方、理解の差を縮め、最後に合意に達する（達しないこともちろんありますが）というプロセスを、パソコン上で再現することはきわめて困難でしょう。

ホームページやブログの発達で、自分自身を表現することが誰でも非常に容易になりましたが、その反面で匿名性を利用した一方的な誹謗・中傷も増えています。無機質な画面上での一方通行のやりとりだけでは生身の人間同士の温かい心の通った関係は生まれにくくなり、人々は孤独感を深めます（図表4-9）。

第三に職場環境の問題があります。大不況が続く中で、企業は生き残りを賭けた激しい競争を繰り返して利益を獲得しようとします。当然ながら社員には過重なノルマが課せられるだけでなく、働く環境についてもコスト節約でさまざまな規制をかけますから、職場環境だけでなくその中での人間関係にも強いストレスがかかります。それが雇用継続に対する不安感と重なりますから表面的な数字は別として、実際は実質的な労働時間、拘束時間はますます長くなっているように感じられます。こういう不安の強い職場環境の中で「いじめ」が起こるのです。

私は、社会人専用の大学院で講義をする日は夕方六時少し前に品川駅に着き、長くて広いコンコースを通り抜けて教室に着くのですが、反対方向の駅に向かうビジネスパーソンの数は混雑というにはほど遠い状態です。それが講義を済ませて一〇時過ぎに再びそのコンコースを通ると、前後左右で肩が触れ合うほどの人の波なのです。元気に大声で話しながら駅に向かう若者グルー

図表4－9　自分が孤独であると回答した15歳の割合

●日本の15歳の約3割が孤独を感じている●

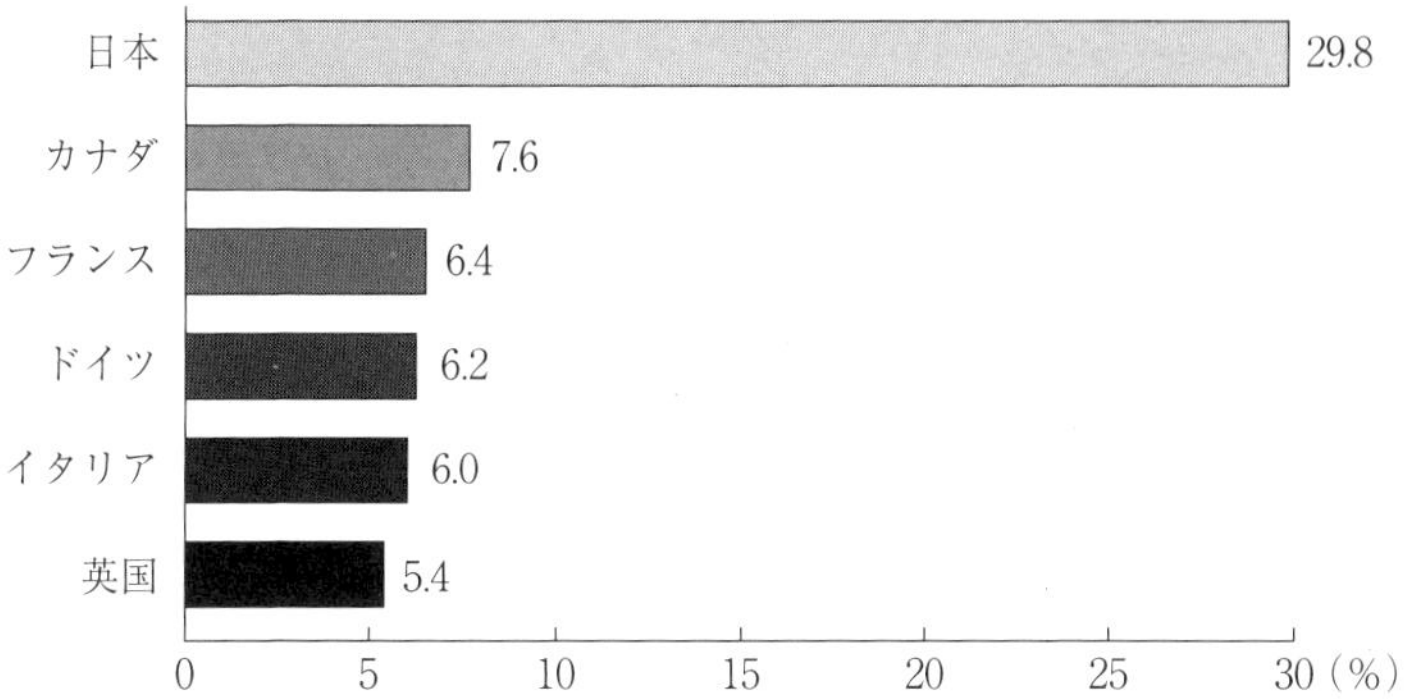

（備考）1. UNICEF Innocenti Research Centre「An overview of child well-being in richcountries」（2007年）により作成。
2. 2003年に孤独を感じると回答した15歳の学生。

資料：『国民生活白書』（平成20年版）

プもいますが、大半は疲れた表情で黙々と家路を急ぐ人たちです。彼らを観察すると、かつての自分の姿をみるようで切なくもなります。ビジネスパーソンの長時間労働はまるで当たり前のことのようにこれまでも、またこれからも長く続くのではないでしょうか。

夫は仕事に追いまくられ、専業主婦は孤独感の中で子供の世話をする。ましてや仕事と家事を両肩に担っている共働き女性はどうやって時間のやりくりをしているのでしょうか。

これでは「幸せ」を感じることはできません。自分が幸せだと感じない人の中には、他人の幸せを素直に喜べない嫉妬のような感情が潜んでいるかもしれません。そういう人たちが多ければ決して幸せ社会は実現しません。

「ライフ」を優先し「ワーク」を調和させる

社会的にこの問題を解決していくのは決して容易ではありませんし、長い時間が必要だと予想していますが、個人レベルに引き戻せばいくつかの選択肢があるように思われます。

この場合にも最も大切なことは、まず自分たちの望ましいライフスタイルをイメージして、その上にワークを重ね合わせることです。その逆をしてまず始めにワークありきから考え方を進めていくと、幸せを実感できるライフにはなかなか到達できないのではないでしょうか。ライフ・ワーク・バランスとあえていうのはライフ優先でワークとうまくバランスをとっていくという考え方なのです。

たとえば女性の出産・育児と仕事の両立という重要なテーマも、まず自分たちのライフスタイルや価値観を優先させて、現実との調和を求めていくという順序になるのではないでしょうか。

私自身も七〇年以上もこの世の中で生きており、その中の五〇年間ぐらいはビジネス世界で多くのことをみてきた人間ですから、こういう事例を書きながらもいろいろな過去の事件を思い出します。自殺にまで至った人は少ないが、その一歩、二歩手前まで追い詰められて悩みに悩んでいた人たちを私は数多く知っています。

私は、ケアカウンセラーと共同して数カ月間にわたり職場の若い女性のうつ病の治療にかかわった経験があります。その時、カウンセラーが、うつ病になりやすい性格タイプとして、仕事熱心、生まじめ、几帳面、強い責任感、律儀、勤勉、善良などをあげていたのを今でも覚えています。本来、このような性格は業務遂行上の望ましい条件を兼ね備えた人たちといえるでしょう。しかし、そんな人たちがうつ病にかかりやすい仕事の場や社会は、どこかが大いにおかしいと私は強く思い、また大いに憤慨したのでしたが、同時に自分が組織の中ではすでに管理職になっているという立場のもつ責任の重さをあらためて感じたのでした。

私が指摘したいのは、いわゆるストレスといえるものは人間が相互に与え合っているのではないかということです。あまりにも厳しい自然条件からの脱却や克服ができないという状況に絶望して人間が自らの命を断つというのは、過去はともかく、現代では例外的にしか考えられないことです。

それに引き換え、現代は、狭い空間の中で多くの人間が向かい合い、競争し合う社会になっていますから、必然的に発生する人間関係の緊張は高まることはあっても、よほどの努力をしない限り低くなることは期待できないと思います。煩わしい人間関係から逃避したいと願ってパソコンの画面と向かい合っても所詮は空しいことであり、現実の世界に引きずり戻された時のストレスはかえってより大きくなるかもしれません。

私の長年の職業経験から言えば、人間関係から発生する通常程度のストレスを大きく増幅させるのは業務（仕事）の場で発生するストレスです。その最大の原因は「人間過当競争」状態です。競争は徹底すればするほど明らかな勝者と敗者を生み出します。

ほどほどの勝者やほどほどの敗者という状態は、組織や仕組みの中でそれをよしとする哲学がない限り現実には残念ながらあり得ないように思われます。職場での人間は否応なしに勝者か敗者に二分されるように仕向けられるのです。

この人間同士の過当競争状況の中では、必然的にねたみ、嫉妬が発生し「いじめ」につながります。「職場でのストレスが原因でうつ病などの精神疾患になったとして、二〇〇八年度に労災認定を受けた人が二六九人に上ることが厚生労働省のまとめで分かった」という新聞記事を読んで強い憤りを感じました。年代別では最も多いのは三〇歳代の七四人、二〇歳代が七〇人、四〇歳代六九人が続き、この年齢層だけで全体の約八割を占めるそうです。この数は氷山のほんの一角であって、その水面下には表面に出ている何百倍、何千倍もの未認定者が存在しているのは容易に推察できます。

この記事では、職種別ではシステムエンジニアや医師などの「専門的・技術的職業」が六九人と最多で、「生産工程・労務作業者」「事務」が続くのだそうです。私の大学の教え子も何人かがシステムエンジニアという言葉に魅力を感じて就職しました。後になって彼らから聞いた過剰労働の実態はすさまじいもので、彼らは明らかに消耗品扱いでした。彼らが、ついに堪えかねてやめたいと相談に来た時、私は決して止めませんでしたし、次の就職先を見つける手伝いもしました。

このような人の使い方をする経営者にとって「人」は「資産」ではなく「コスト」でしかないのです。人集めをする時は人材とか我が社の宝などと美辞麗句を並べたてますが、魂胆はみえています。だから不況になり業績が悪化するとコスト削減という言葉を免罪符のように振り回して首切りに走るのです。

安易な人員削減は長期的には企業の体力を削ぐはずですが、サラリーマン型経営者ならその時まで自分は職に留まっていないと割り切り、オーナー型の場合は、必要になったらその時に募集すれば済むと思うでしょう。

経営者の人格や倫理観を事前に見抜くことは困難ですが、風評はおのずと立つものであるし、情報を事前に入手することも可能でしょう。自殺やうつ病に追いつめられる前に必要な手を打つのが重要です。その一つの方法はそういう企業の経営者を社会的に告発することです。裁判に訴える手もあるでしょうし、メディアにアピールすることもできるでしょう。こういう悲劇を一日でも早くなくすことは市民としての責任だとも思うのです。こんな状態は「幸せな社会」とは相いれないものです。

こういう環境の中では人間はますます孤独になっていきます。しかしそれでは不安だから家族、友人、知人といった他人との接触を反作用的に求めます。家族は自分では選べませんが、友人、知人は自分で選ぶことができます。この傾向が進むと、家族関係は希薄だが、特定の他人とはきわめて親しいという状況が発生します。

多くの場合は特定の他人と面と向かって話し合う、行動を共にするというアナログ的人間関係になりますが、それは時と場合によっては煩わしいこともあるので、もっと短絡的でありたいと思う人はパソコン、携帯電話を通してのデジタル的人間関係を好むようになるでしょう。

もし現在の日本で、幸せでない、と感じている人が多いとすれば、私は、その原因は人間同士の過当競争にあり、それを実質的に強制している現在の企業社会にルーツがあると感じざるを得ません。「競争に勝つ」ことだけが唯一の企業哲学であり、「競争を通じての進歩」だけが唯一の社会哲学である限り、現在の傾向は続いていきます。もし、人間がそれぞれの価値観に基づいて幸せになりたいと願うのであればどうすればよいのか、自分がどのように考え、行動するべきか、また社会に向かってどう働きかけていくべきか、自分自身のあり方がまず問われていると思っています。自己実現に向かって私たちはどうすればよいのでしょうか。

「自己実現」というと抽象的な堅苦しい響きをもちがちですが、英語では「セルフ・アクチュアライゼイション（self-actualization）」といい、自己の能力［野心など］の十分な発揮［展開］、自己実現、野望の実現、と私の辞書（大辞泉、小学館刊）にはあります。もっと簡単に言ってしまえば「なりたい自分になる」ことと理解されます。一度限りの人生ですから後悔しないように、満足感・達成感にあふれた日々にしたいものです。

しかし「キャリアの大洗濯」でみたように、自分の現在の労働や仕事が必ずしも自分の望む方向に沿っていない、しかし生活のためにはそれを続けざるを得ない。それだけでなくワークシェアリングで収入がダウンするという状況であればあるほど、「複線化」の可能性を追求していく必要があるのだと思います。

最近は夫婦共働きの家庭が多くなりました。収入面からみれば立派な収入複線化になっているのですが、それでも自己実現を目指してもう一本の線を引く考え方があっても良いと思います。たとえば最近では「社会起業家」という仕事の仕方が注目を浴びています。一般の起業家とは異なり、より直接的に社会に貢献する目的で事業を起こし持続的なビジネスとして運営する人（たち）という定義になるのでしょうか。

ＮＰＯ（特定非営利活動法人）とも似たコンセプトでしょう。私の経験ではＮＰＯは「非営利」であり特定分野での活動に限定されているので意思決定が難しい場合が多いのですが、その点、社会起業家の目的は社会貢献で、運営はビジネスライクにできるので人気が高まっているのでしょう。

もちろん、自分の時間はどのように使おうと勝手です。昔の話になりますが、私が親会社の指示を受けロンドンで小さな先物取引会社を経営していた時に、ケンブリッジ大学の卒業生が入社してきました。こういう世界に一流大学卒業の看板を背負っている人がくるのは珍しいことだったのですが、よく話をきいてみると年齢は三〇歳前半で、それまでいろいろな仕事にトライしてみたとのこと。まだ独身で、これからもボヘミアン的に世界を広く回ってみたい。現在は先物取引の仕組みに関心があるので実際に仕事をしてみたいとのことでした。この世界は全くの能力主義で日本型の年功序列、終身雇用とは無関係です。私は好奇心も手伝ってその男、Cさんを採用することにしたのです。

勤務態度に特に変わった点はありませんでした。強いて言えば先物取引の仕組みに関心があるとのことでしたが、特に熱心に仕事の合間に勉強するわけではなく、夕方は勤務時間が終わるとさっさと会社を出てしまう。その程度のことでした。

ところがある土曜日の朝、ちょっとしたハプニングがありました。ロンドンでは週末になるとあちこちでアンティーク（骨董品）の露天市が出現します。堂々と店をかまえて高級品を展示している有名な骨董アーケードと違って、これらの露天市は小物のガラクタも多く、値段も安い物が多いので一般の人たちに人気があります。私も興味本位で古い日本の絵ハガキやステンドグラスの板などを集めていましたので、週末になると骨董市めぐりをするのが大好きでした。

その日もある露天市をぶらぶらしていた時、突然Cさんとバッタリ出会ったのです。その日の彼はアンティーク商としてテントの中にいました。週末起業家だったのです。彼は、とうとうバレましたか、と頭をかきながらこんな話をしてくれました。Cさんはケンブリッジ大学で地理学を専攻したことがきっかけで世界に広く目を向けるようになり各地を旅したそうです。

それぞれの訪問地でいろいろな仕事もしたが、そのうちにアンティークにも自然に興味をもつようになったのでロンドンに帰ってからは仲間と一緒に「目利き」になるために猛烈に勉強した。そして数年後に露天市で開業してみると面白いことが分かった。まず利益の幅が目の利き方しだいで非常に大きいこと、次に、税金を払わなくてすむこと。すべてが現金商売で領収証がなく、店の看板もかけていないのだから税務署も追跡の方法がない。ここまで得々と説明してくれたのだが、「へえー、ケンブリッジの卒業生がねえ、そこまでやるか」と心の中でつぶやいたのが私の表情に出たのだろうか、Cさんはあわててつけ加えた。「ガラクタのように見えるでしょうが、ここに並べてあるのはすべて目利きの私が選んだ芸術品ですよ」

自分のライフスタイルで屈託なく好きなことをしているこのイギリス人に、私はエールを贈りたい気持ちになったのでした。

私が主張したい複線人生というのは、つまり、単に複数の収入源をもつとか、正業プラス副業という感覚ではなく、収入に結びつこうがつくまいが、自分のやりたいことを二つ以上見つけて、それぞれに全力投球するライフスタイルのことです。正業や副業という区別の仕方は意味がありません。

もし業というならどちらも真剣に取り組むべき正業です。ただそれらに投入する時間には限りがありますから、その時々の状況に従って優先順位（プライオリティー）をつけなければなりません。最も簡単なケースは平日は会社の仕事に、週末は自分のやりたいことに全力投球というスタイルですが、もっと有効な時間の活用ということであれば、その時々の優先順位に基づいた一日の時間割をつくることもできます。ただ自分の思い通りにいかない場合もありますから注意が必要ですし、あまりくよくよするのも禁物です。

複数のことに全力投球するための条件は二つあります。それはやる気（ガッツ）と集中力です。どちらも普通の身体力があれば実現可能です。

投入時間とガッツ・集中力の積が時間の産出力の面積を決定しますから、対象としているテーマに関係のない物事はすべて遮断してしまうぐらいの緊張感がもてれば頭の回転も早くなります。特に論理的なことを考え抜こう、推論しようと試みている時には、雑音、雑念は大敵です。

そのように有効な時間作りをする最終的な目的は、自分が本当に好きだと思うことを見つけてそれを実行することだと私は思います。

自分の「嫌いなこと」を探してみる

私は人生の醍醐味は本当に好きなことを見つけて、それに打ち込むことだと思っています。対象は人間かもしれませんし、物体であるかもしれません。あるいは難解なパズルであったり、宗教であったりするでしょう。自分の周囲をみても何か好きなことに打ち込んでいる人は、生き生きとしているし、表情や感性も豊かでうらやましく感じます。好きなことをやっていれば年齢をとらない、というのは本当だと納得しています。

そこで、本当に自分が好きなことを探そう、ということになるのですが、実はこれが非常に難しいことです。好奇心のある人なら、誰でも二つや三つの「好きなこと」ぐらいはもっています。ただ好きといっても自分の人生をそれに賭ける、というまでにはなかなかいかないものです。

ほとんどの場合は、仕事の合間を縫っての、趣味的なレベルよりさらに向上するというのは非常に難しいことだと思います。また好きなことといっても、対象がくるくる変わる場合もあるでしょうから、一つのことに打ち込んでもそれが人生の最後の時まで続く保証はありません。晩年は趣味を楽しみながら生きていきたいといっても、実はすでにその年齢になっている私が感じることですが、他人から専門家として一目置かれるぐらいのレベルに達していない趣味では自分でなかなか難しいようです。

も満足感も得られない人もいるでしょうし、趣味だけを中心にして日々を過ごすというのもなかなか難しいようです。

というわけですが、はじめからあれこれ思案しても前に進めませんから、ここでは好きなことは一生続けてやっていけそうな趣味というよりは「ライフワーク」に近い何かを頭において「好きなこと探し」について考えてみたいと思います。その場合は、まず自分の性格との相性ということを吟味する必要があるようです。たとえば、勝負事が大好きか嫌いか、机の前でじっくり考えることは苦手で体を動かしている方が楽しい、職場では仕方がないがそれ以外なら他人とあまりつき合いたくない、他人に威張られるのは大嫌いだ、むかむかする。一対一よりは大勢の中にいる方が楽しい。何事にせよ、金のかかることは嫌いだ、仕事に関して頭を下げるのはがまんできるし、頼みごとをするのに平身低頭するのは止むを得ないが、それ以外のことで頭を下げるのは絶対嫌だ。他人に指導、教育されたり、口をはさまれたりするのはご免だ、などなど。当たり前のことでしょうが人はそれぞれ好きなことも多いでしょうが嫌なことも沢山あります。

そういう自分の性格や相性とよく照らし合わせながら「好きなこと探し」をしないで、理想やあこがれ、またはあるべき論などで「好きなこと」を決めてしまうと、結果として自分自身がいつの日か反発してしまう結果になりかねません。

特に組織の中で仕事をしているビジネスパーソンの場合は、上司、同僚と上手に折り合っていきたいと思うあまり、彼らの好きなことに追随してしまう傾向があります。他人の例を引くまでもなく私自身にも苦しかった思い出がいくつもあります。私は会社に入ってからも本当はゴルフに関心がありませんでしたが、当時のサラリーマン仲間ではゴルフ、マージャン、酒は十種競技ならぬ三種競技のようなもので、接待としても社員間の懇親としても大いに利用されました。三種混合では、土曜日（当時、私の会社では半ドン、つまり午前中勤務でした）の午後に部内懇親会などの名目で熱海や伊東の温泉地に出かけて夕方から宴会をやり、そのあとマージャン卓を囲み、翌日は寝不足と二日酔いの悪コンディションでゴルフ大会をするというのが定番メニューでした。

好きになれないことを無理して好きになろうとする努力の空しさをさとった私は、十年後ぐらいにゴルフの「序の口廃業」を仲間、上司に宣言しました。努力したけど上達しないので相撲の世界でいえば序の口のレベルで廃業しますという理由（口実）だったのですが、あまり理解されませんでした。そしてゴルフをやめたあとの大発見というのは、思った以上の自分時間が生まれたことでした。

週末になるとあまり気乗りがしないのにゴルフ練習場に通ったり、重いバッグをかついで遠くまで一日がかりでコンペに出ていたのがポッカリと穴が空いたようになくなってしまったのです。嫌いなことをやめるのは精神衛生上も時間的にもこんなにゆとりができるものかと驚きました。上司、同僚との関係もしばらくの間はゴルフ脱落者ということで白い目で見られがちでしたが、少しずつ時間が解決するようになりました。

人間、誰でも得手、不得手があります。体験的にみても組織の中で生きるのが非常にうまい人がいる一方で、要領の悪い人も数多くいます。通常は組織の中では、指揮・命令系統に従って各人が行動するのですが、時々、上司に使われるのがへたな人を見かけます。性格的に不器用なのか、気がきかないのか。残念ながらそういう人はパワー・ハラスメントの対象になりやすく、その一組織の中で仕事を続けるのが苦痛に違いありません。

そういう人は自分が本当に好きなことをみつける努力を人一倍したほうがよいと思います。はじめからあれこれと好きなこと探しだけをするのが正統的な方法ですが、逆に自分の嫌いなこと、やりたくないことをまず洗い出してそれを自分の性格や生まれ育った環境と照らし合わせながらネガティブリストにしてみるのも逆説的で面白いと最近思うようになってきました。「キャリアの大洗濯」はその意味でも大いに役立ちます。ネガティブリストが分厚くなると、消去法的に好きなこと、本当にやりたいことが意外に簡単に浮かび上がってくるかもしれません。

私自身はどちらかといえば好奇心の強い方なので、若い頃からあれこれと手を出してみました。大学であこがれのラグビー部に入部（体力不足で六カ月後に脱落、退部）。運輸省（当時）の通訳案内業（ガイド試験に合格。仕事は面白かったが学生の身では無理と判断し廃業）。会社に入ってから上智大学国際学部（夜間）に再入学。当時は社会人大学院などという便利な制度はなかった

（仕事との時間調整がうまくできず半年後に退学）。中小企業診断士受験（一年間集中的に勉強したつもりだったが結果は不合格）、社会保険労務士（返す刀で始めたが途中でつまらなくなってギブアップ）。囲碁初段（免状をとるところまではやったが、先々の手まで論理的に読むのが苦手とさとってピリオド）。自動車運転（必要に迫られて外国の勤務地では日常的に運転していたし、ドライビングそのものはエンジョイしたものの、視力が弱く夜間の運転が嫌だったのと、どうやら神経質な性格が運転中には強く出るので日本に帰ってからは完全ペーパー・ドライバー）。未公開ベンチャー投資（大きく花開くことを夢みて、これまで数社に投資したがすべて失敗。どうやら性善説に立って相手の言うことを鵜呑みにして信じてしまうおめでたい性格とグリード〔欲ぼけ〕がからみ合ってのこの始末。大いに反省し謹慎中）。

もちろん、これだけがすべてではありません。告白はまだまだ続くのですが、何事も自分の性格や好き嫌いの感覚、得意・不得意の技などを吟味しておくことが取りかかる前に大切だということの例示になるでしょう。自分の本当の性格はある結果が出るまではなかなか自分でも把握できないものです。

常識的に考えれば、自分自身や、そのことをよく知っている人の意見とか判断を頼りにすべきでしょうが、そういう人はえてしてバイアス（偏見とはいわないまでも先入観や一定の心的傾向）のかかったアドバイスをしてくれるので注意する必要があるようです。本来は自分でよく考えて、自分で決めるべきことなのですから他人の意見や判断は無用のはずなのですが、心弱き人間は時として自分以外の何か、誰かに依存したくなるものです。

そういうことを踏まえたうえで、まずは嫌いなこと探しから始めて、本当に好きなこと探しにつなげていくほうが案外ショート・カットになるのではないでしょうか。またそのプロセスを通して、自分があまり意識していなかった自分の性格があぶり出されてくるのも、新しい発見になるだろうと思います。

第5章　今こそポジティブ・シンキングとアニマル・スピリッツを
――活力ある行動に結びつけるために

不合理な意思決定と人間の本性

二〇〇九年三月二十三日。場所は米国、ロサンゼルス。ワールド・ベースボール・クラシック（WBC）決勝戦の延長一〇回、二死二、三塁の場面で打席に立ったイチロー。テレビに大写しされた彼の表情の異様さをご記憶の読者も多いと思います。集中力をみなぎらせた、というよりは巨獣に追いつめられて、もう後がないという緊迫感。しかし、それでいながらも、まだある一瞬の好機をとらえて、一発の弾丸（一振り）で逆に相手を射止めようと決心している老練の猟師の目の鋭さに似たものを私は感じたのでした。

目の鋭さといえば、最近ビジネスの場で鋭い目、輝く目に出合うことが少なくなったように感じます。社会の高齢化現象を反映しているのでしょうか。または最近の日本全体の閉塞状況が原因なのでしょうか。反対に、生気のない目、焦点の定まっていない漠とした目、またもちろんでしょうが疲れ切った目には、年齢に関係なくしばしばお目にかかります（かく言う自分の目の表情についてはお許しください）。獲物を追うことに疲れたビジネスマン猟師なのでしょうか、人生の目標感を失った人たちなのでしょうか。パソコンの画面とのにらめっこで固定焦点化し、それ以外はぼやけて見えてしまう人たちでしょうか。スーパーの売り場でパックされて並べられている魚の目のようで悲しく感じます。

　私の知人の一人に出版社でエディターの仕事をしている年齢四〇歳前後、いわゆる「アラフォー」の女性がいます。仕事柄もあるのでしょうか、彼女の身のこなしは軽快で、言葉づかいはハキハキし、目は好奇心に満ちてキラキラと輝いています。私の娘ほどの年齢ですが、話をしていると私の方が圧倒されがちです。彼女はこの大都会の中で目のキラキラ光った野性的な男性を人生のパートナーとしたいと長い間探していたようですが、スーパーの魚の目にしか会わなくてと思い悩んでいたようです。

　ところがある時、ついに北海道でキラキラ目鯛（金目鯛ではありません）を釣り上げましたとうれしそうに教えてくれました。名もなく、貧しく、（美しいかどうかは私は知りませんが）目だけは光っている骨太の魚だとか。まことにオメデタイ話でした。

　目をキラキラ光らせるにはその奥にガッツと好奇心が必要でしょう。この章では活力ある行動で人生を切り拓くためのポジティブ・シンキングとアニマル・スピリッツについて考えてみたいと思います。

ところで、アニマル・スピリッツとは何のことでしょうか。単純に訳せば「動物精気」とでもなるでしょう。そして実はこれはジャーナリズムの造語ではなく、有名な経済学者ジョン・メイナード・ケインズが一九三六年に刊行した「雇用、利子および貨幣の一般理論」の中で使用した言葉なのです。ケインズは「そのすべての成果が将来の長期間にわたって得られるような事について前向きの（positive）意思決定をするとすれば、多分その殆どはアニマル・スピリッツ（animal spirits）の結果としてしか導き出されないだろう」と述べました（原書の一六一頁）。

経済学の古典的名著の中で、この非経済学的な言葉が長期的投資の意思決定の動機として使われたことに意外な印象をもつ人も少なくないかもしれません。実は、ケインズは経済理論を構築しながらも、経済を動かす主人公である人間は決して常に合理的な意思決定をする存在ではなくて、たとえば私たちが時々とんでもない衝動買いをするように、不合理な意思決定や行動をするものであること、そしてそれは人間の本性の一部であることを認知していました。

投資は長期間にわたるほど、不確実性とリスクにさらされるのですが、それでも人間がポジティブに何かをやろうとするならばその動機をどこに求めるのかといえば、アニマル・スピリッツ以外にはないことになります。なお、この言葉は実はケインズの造語でもなくて、古代から存在し、中世では医学用語としてごく一般に使われていた脳から発する精気のことを指すのだそうです。他には、心臓から発する「生命精気」、肝臓から発する「自然精気」があり、これと「動物精気」で三点セットになっていたようです。

このアニマル・スピリッツという解釈が難しそうな言葉の意味を私たちの日常語に直すと「勘」とか「直観」になると思います。

プロの勘と素人の山勘の違い

私も勘に頼って判断することが多いのですが、よく注意しなければならないのは果たしてそれがプロの勘なのか、素人の山勘、つまり「あてずっぽう」なのかです。自分がこれまで蓄積してきた経験や知識を基にした勘ならばある程度の自信がもてますが、自分にとって全く未知なこと、これまで関心をもっていなかったことについて下す自分の判断はあくまで山勘なのだと自覚して、そういう場合は「友情と信頼の情報ネットワーク」を使って、専門的知見をもっていそうな人を探し、その人の判断や勘に従うように努めています。勘はポジティブ・シンキングを生み出す際の重要な要素ではありますが、問題は勘の「質」にあります。それによって結果も大いに変わってくるはずです。妙な言い方になるかもしれませんが、自分の勘に「磨きをかけておく」習慣が大切だと思うのです。

経済現象だけに絞って使えば、失敗を恐れずイノベーション（革新）に果敢に挑戦する荒ぶる魂、ということでしょうか。実際、このような人たちが次々に登場し、その中の成功者たちが新しい事業分野を築き上げ、経済成長に貢献しています。またそれだけでなく彼に続く起業家の育成にも手をさしのべています。そういう成功者と挑戦者の多くいる社会こそが活力のある社会なのです。

私の尊敬するFさんは技術専門学校を卒業して以来、刻苦勉励に努め、その結果として当時としては新しい分野であった技術設計の外部受注と、専門技術者の企業向派遣を両立させる新しい業態を開発しました。また社長の職にありながら自己研鑽を続けて多忙な中を夜間大学院に通い、経営情報学の修士号を取得したのです。

それだけではありません。Fさんは起業家を志す人生の後輩たちのために私財を投じて起業家支援財団を設立し、自らも直接の指導に当たっています。残念なことに現在の社会的仕組みの中では、いったん、起業に挑戦して失敗すると、再起を期す条件がなかなか与えられません。これを制度的に解決する枠組作りと、失敗は成功のもと、と前向きに評価する社会風潮の醸成が社会の活性化の鍵であると私は信じます。

ポジティブ・シンキングの出発点は「どうしてできないか」、ではなく「どうすればできるか」

にあります。私のビジネスパーソン時代の体験ですが、仕事仲間に頭の回転の非常に速い「切れ者」がいました。

　ところが残念なことにややネクラ型で、そのせいか否定的な発想からスタートするのです。誰かが新しい企画や提案をすると、理解は誰よりも早いのですが、まずそれが実現しない、または利益につながらない、という可能性を論理的に整然と説明するのです。聞いている方からすると確かにそうかもしれないが、そこを何とかこなしながらやっていきたい、それにこの先どんな条件変化があるか分からないなどと心情的にアピールするのですが、彼の明快な論理思考にはかないません。そのすばらしい能力が逆回転してポジティブな思考に向かうとうれしいのだがと私は何度も思ったことでした。ポジティブ・シンキングはどうやらアニマル・スピリッツと親和性が強いようです。

　暗いニュースや話題の多い最近の日本です。派遣切り、失業率の上昇、マイナス経済成長、自殺者の増加、年金制度に対する不安、頭上を越える他国のミサイル、振り込め詐欺、後を断たぬ凶悪犯罪、自分の生んだ子供への虐待などなど。これに政治の貧困を加えれば、日本はお先真っ暗と心配になります。

　それもそのはず、日本銀行の『金融経済月報』二〇〇九年一月号は冒頭の「概要」でこう総括しました。

「わが国の景気は大幅に悪化している。輸出は大幅に減少している。企業収益は悪化を続けており、設備投資も大幅に減少している。個人消費は、雇用・所得環境が厳しさを増す中で、弱まっている。また、住宅投資を新設住宅着工戸数でみると、再び減少している。この間、公共投資は低調に推移している。以上のような内外需要を反映し、生産の減少幅はさらに拡大している。景気は当面、悪化を続ける可能性が高い」

「物価の先行きについてみると、国内企業物価は、国際商品市況の下落や製品需給の緩和などを背景に、当面、下落を続けるとみられる。消費者物価の前年比は、石油製品価格の下落や食料品価格の落ち着きに加え、経済全体の需給バランスの悪化などを背景に、さらに低下し、マイナスになっていくと予想される」

この内容は二月も三月も変わっていませんでした。しかし、最新の八月号では、「わが国の景気は下げ止まっている。公共投資は増加している。輸出や生産は、大幅に落ち込んだあと、持ち直している。一方、厳しい収益状況などを背景に、設備投資は大幅に減少している。雇用・所得環境が厳しさを増す中で、個人消費は弱めの動きとなっており、住宅投資は減少している。先行きについては、景気は次第に持ち直しに向かうと考えられる。すなわち、輸出や生産は、内外の在庫調整の進捗や海外経済の改善などを背景に、持ち直しを続けるとみられる。また、公共投資も増加を続けると見込まれる。一方、国内民間需要は、厳しい収益・資金調達環境が続き、雇用・所得環境も厳しさを増すもとで、引き続き弱めに推移する可能性が高い。物価の現状について、国内企業物価の三カ月前比をみると、製品需給緩和の影響などから、緩やかな下落を続けている。消費者物価（除く生鮮食品）の前年比は、経済全体の需給が緩和した状態が続く中、前年における石油製品価格高騰の反動などから、マイナス幅が拡大している。物価の先行きについてみると、国内企業物価は、製品需給が緩和した状態が続くもとで、当面、緩やかな下落を続けるとみられる。消費者物価の前年比は、前年における石油製品価格高騰の反動などから、当面、下落幅を拡大していくと予想される」と少しは調子が変わってきていますが、基本的には警戒姿勢が続いています。

つまり景気の全体としては悪化傾向は続き物価はさらに低下しマイナスになっていく、というのが日本の中央銀行のご託宣ですから、とても元気が出るはずもありません。まさに私たちは金融不安、産業縮減、失業増大という三重苦の中で喘いでいるのです。

またこれは日本だけの現象ではなく、米国、欧州、アジアに共通していますから、問題の根は実に深いという認識をもつべきだと思います。

さらに、日本の場合はこれからも急速な高齢化と人口減少、特に生産年齢人口の急減が予想されます。これは潜在成長率の低下につながりますから、財政の大幅悪化と関連づけて考えると、どうすれば危機を乗りこえ、再び高度成長は期待できないとしても、私たちに続く世代が安全な環境の中で安心して暮らしていける処方箋を書くことができるのか本当に心配になります。

「国家百年の計」や、国家の秩序を整え治める「経綸」の価値に値する議論もありません。一国の政治のレベルは国民のレベルを越えることはない、という主張がありますが、そうだとすれば私たちは自らを恥ずかしく思うべき状態にあるのでしょうか。

こういう閉塞的な環境の中では前向きに積極的に思考するポジティブ・シンキングは非常に困難ですが、発想を転換させるのはやろうと思えばできることです。たとえば島国日本には昔から「海に守られた日本」という受け身の考え方が支配的でした。これを「海を守る日本」と発想を変えたらどうなるか。二〇〇九年四月十六日付の産経新聞「正論」欄の中で日本財団会長の笹川陽平氏はこう主張しています。

「われわれは今、戦後六〇年間、一発の銃弾も撃ってこなかった平和日本、それを象徴する平和憲法でさえ、ともすれば紛争地に出るリスクを回避するための口実、一国平和主義の象徴にすぎない、と各国から批判される時代を迎えていることを自覚しなければならない。それが戦後六〇年を経て大きく様変わりした国際社会の現実である。わが国は今『海に守られた日本』から『海を守る日本』を目指している。世界の物流は九〇%を海に頼り、環境保全など海が直面する諸問題も山積している。その一方で日本には人材育成を含め海に関する豊富な経験と知恵がある。今、日本に求められているのは、海洋国家として海の安全と世界の海洋秩序形成に貢献する気概である」

深い傾聴に値する主張だと私は強い刺激を受けました。本論は「ソマリア『海賊ＰＫＯ』主導を」と題したものでしたが、この点でも私は自分の中でうっ積していた疑問点が氷解したように思いました。

これは一例ですが、よく探せば発想の転換につながる多くの議論が行われているかもしれません。私たちは業務過多、情報過多の環境の中で疲れ果ててしまい、能動的に情報を取捨選択して自分の考え方と照らし合わせながら、よりレベルの高い判断に結びつける努力を十分にしていないのではないでしょうか。

また、それ以前に自分の担当する業務や、自分の専門性に関する分野の外のことについては多くの場合、基本的な知識すら正確にもっていないことに気がつきます。全く恥ずかしいことですが私自身もその点には長い間気がついていながら積極的な改善努力をしないまま今日まできてしまいました。こういう状態がもたらす欠陥の一つは物事をみる際の「視野狭窄」です。これでは、世界中のすべてのことが直接・間接に絡み合っているグローバルな時代において的確な判断をする可能性が減ります。

ただ一つ私が秘かに自慢しているのは「信頼と友情に基づく情報ネットワーク」の構築です。これは「一般的な情報は確かに過多だが、自分が真に求める情報は常に過少である」という認識に基づいています。とは言っても決して大げさなものではなく、ごく日常的な努力の積み重ねの結果なのです。ビジネスの世界で長く生きていた私が本当に必要だと痛感したのは親身になってアドバイスをしてくれる友人でした。お互いに信頼感がないとこういうことはできませんし、友を助けてやろうという友情がなければ実現しません。

非常に親しくなると「君だけだよ」といって文字通り耳寄りな話をささやいてくれる人もいます。また時にはインサイダー規制に触れそうな、ギリギリの情報やアドバイスを与えてくれる人もいるでしょう。しかし、そういう関係は決して長続きしませんし、相手はその対価となる情報などを求めてくる可能性もあります。

ここでいう「信頼と友情に基づく情報ネットワーク」の意図するのは、対等の立場で、ギブ・アンド・テイクを前提とした専門的情報のやりとりです。これは、自分が提供した情報が悪用されたり濫用されることはないという信頼が前提となります。また、相手が必要としている情報を察知して、役に立ちそうな情報や、善意に基づくアドバイスを提供するためには、相手を決して裏切らない、相手に迷惑がかからないように配慮する友情をお互いに確認しておくことが欠かせません。

主な道具としては電話番号とメールアドレスですが、肝心の情報のやりとりの相手と信頼や友情に裏打ちされた人間関係を構築するのは決して短時日にできることではありません。何らかのきっかけでその人を知るようになったら、誠実にその人とのコミュニケーションを絶やさないようにすることが必要です。そのためには年賀状も含めて年に一、二回は手紙やメールで近況を報告したり、その人の所在地に行く時には手土産でもぶらさげて会いに行くなど、二人の親密さを徐々に熟成させていく。だから時間がかかるのです。

相手が自分よりはるかに社会的地位の高い人であっても謙虚な気持ちで、誠実にコミュニケーションを続けていけば、いつか必ず相手が胸襟を開いてきます。人間とはそういうものだと思います。

相手に提供できる専門性をもつ

肝心なことは、自分も何か相手に提供できる専門性をもつように心がけないと、ギブがなくてテイクだけになり情報ネットワークは一方通行の流れになり長続きしません。自分が必要とする時だけ一方的に情報を求めてくる人は私の知人の中にもいますが、度重なるとうっとうしくなります。そういう人に限って、といいたくはないのですが、私から積極的にアプローチをしたいと思えるような魅力をみせてくれないのです。

繰り返しになりますが、情報過多になればなるほど、私たちの専門的または確信のもてる部分の割合が少なくなり、バランスのとれた判断や意思決定が困難になります。そんな時こそ、電話一本、メール一通で信頼と友情にあふれた情報が手に入ったら、それこそ「鬼に金棒」ではないでしょうか。

単純な言い方になるかもしれませんが、私は現在の不安な時代こそ、緊張感に満ちた積極的な思考をする人にとっては絶好のチャンスの時であると確信しています。固定観念とか保守的な秩序が支配している時に新しい思想を主張したり、創造性の高い事業を企画するのは非常に困難ですが、不確実性の時代にあっては、これまでの価値観にとらわれず生きていく可能性が大きくなっているからです。今までタブーと思われていたことにも挑戦を繰り返すうちにタブーがタブーでなくなり、規制の厚い壁が崩れていくというケースを私たちは数多く知るようになりました。

かつての大航海時代のように、海図のない大海に船出する緊張感、未知の人たちと取引しようとするアニマル・スピリッツ、そしてあらゆる困難に堪え抜くガッツ。そして情報力。今求められているのはそれらを兼ね備えたベンチャー・スピリットの持ち主なのです。

二〇〇九年はイギリス人のチャールズ・ロバート・ダーウィンの生誕二〇〇年、また彼の進化論のバイブルとなった『種の起源』の刊行一五〇年目にあたる記念の年であります。彼はその前の一八三一年から五年間にわたりビーグル号の世界一周航海に加わり、多くの困難に遭遇しながら動植物や地質の調査を進め、ついに「適者生存」の確信に到達しました。

彼は「最も強いものや賢いものが生き残るのではない。最も変化に適応できるものが生き残るのだ」という有名な言葉を残しています。これは特に最近のような先の読めない不確実な時代においては深い含蓄をもっています。最も強いと自他共に許していた米国のGMが破綻し、最も賢いと自負していた米国の投資銀行が軒並み倒産またはそれに近い状態に追い込まれ、投資銀行業というビジネスモデルまでもが崩壊したという事実は、「適者」の意味をあらためて考えさせられます。

もっとも私の観察では現在でも「適地・適職」の精神として欧米のビジネスパーソンたちにこの適者生存の法則は遺伝子として伝わっているように感じられます。たとえば私が外国勤務中に知り合ったビジネスパーソンの中には、勤務先で「適者」でなくなったと自分で判断すると、その土地で次の仕事をみつけずに、さっさと家族を引きつれて「適地・適職」を求めて別の土地に移動する人が決して少なくありませんでした。

私たちのような農耕民族的な感覚の目でみると、そういう狩猟民族的生き方はたくましく映ると同時に、きわめてリスクの高い選択だと思えます。私たち日本人が定住性の高い現在のライフスタイルにこだわり続けるのはもちろん結構なことでしょうが、環境の大きな変化が発生したらその時には柔軟に対応しようという心の備えも今後は必要かもしれません。

今から二、三〇年前、日本は世界に冠たる経済大国として賞賛と嫉妬を受けた一時期がありましたが、現在ではその面影は残っていません。二〇〇七年度のOECDの統計では日本が世界のGDPに占める比率は八％程度に低下しており、また一人当たりにすると加盟国中一九位です。これは今回の大不況の前の数字ですから現在はどうなっているか分かりませんが、国全体としても、また一人ひとりの個人としても、かつての経済大国という幻想は捨て去る必要があるように思われます。

知的資源はともかく、物的資源に恵まれていない日本は広く海外から原材料を輸入し、付加価値をつけた製品に加工し、海外に輸出するという外部経済依存度の高い経済構造をつくり上げました。これは日本にとっては最良の選択肢だったのですが、最近の世界同時大不況で致命的な打撃を受けています。したがって内需主導型経済構造への転換が急務とされているのですが、それが決して容易でないことは、実際にビジネスの世界で生きている人の目には明らかです。

加えて日本人の少子高齢化が急速に進む一方で海外からの移民を受け入れない雰囲気の中では、日本が再び経済大国として復活する可能性はゼロではないにしてもきわめて乏しいと思います。

また、そのためには私たちの頭の中に染みついている「常識」なるものを時には疑ってみる勇気も必要と私は思うようになってきました。時代はどんどん変わっている、昔からの考え方で仕事を続けていてはやがて行き詰まってくる、新しい発想で進もうなどと口では言いながらも結局は「常識」に従って行動している場合が多いものです。常識に沿っていれば特に深く考えなくても世間とか仲間の合意は得られやすいからです。

しかし今日の世界的金融危機のように、過去の教訓が通用しない、過去と断絶した事態が発生すると、これまでの常識は役立つどころか、かえって邪魔にすらなってしまうのです。そうなると自分の頭の中で解を探す以外ありません。

個人ベースのサバイバルゲームが始まるのです。こういう時には不確実性やリスクに鈍感な人は、敏感な人に機会を奪われたり、資産をむしられたりします。私は自分の所属する大学院でリスクマネジメント講座をもっていますが、折に触れ学生たちに話をするのは「リスクに敏感であれ」ということです。それには日常生活において常識にとらわれない発想が必要になります。常識ではリスクがない、と思われがちな事象とか商品、サービスなどにも意外なリスクが潜伏していることが決して少なくないのです。

ところで、そもそも「常識」とは一体何でしょうか。常識という言葉そのものの意味を疑ってみることもしなかった私でしたが、この際なので私の辞書を引いてみることにしました。

常識＝一般の社会人が共通にもつ、またもつべき普通の知識・意見や判断力、とあります。また類語として、通念・良識・思慮・分別・知識・教養・心得・コモンセンスと列記されており、追加説明ではコモンセンスの訳語として明治時代から普及した言葉ということでした。では、それ以前はそういう観念とか言葉はなかったのかという疑問がチラと頭をかすめましたが、そこまで詮索する必要はここではないでしょう。

「常識」という言葉は非常に便利で、相手と意見や見解が食い違うと、常識がないとか非常識な人、という烙印を押すこともできます。そして常識人といわれる人ほど自分のもつ常識に固執し、それと異なった相手の常識を認めようとはしません。

そんなことは常識だ、いやそうではないというやりとりが起こるのはそういうことの反映でしょう。常識とはつきつめて言えば、それぞれの人がもつ価値観の最大公約数的な表現だとすれば、社会の価値観が安定している時は常識も大いに幅を広げるのですが、近年のように不確実性が増大してくると人々の考え方とか理解も分裂症状を呈するようになります。また不正確な事実認識に基づいて形成されている「常識」も決して少なくないようです。その一例としてインフルエンザの歴史に関する誤った常識がありました。

新型インフルエンザ大流行の可能性について全世界が強い緊張状態にある中で、今後予想される最悪の事態を乗り越えるための教訓を過去の事例に求めようとする際に必ず引き合いに出されるのに一九一八—一九年に大流行した「スペイン風邪」があります。

第一次大戦中に発生したこの風邪による死者は世界中で四〇〇〇万人にも上ったといわれ、大戦の終結を早める結果にもなったという指摘もあるほどです。日本でも公式統計では死者は三九万人とされていますが、最近の推計ではそれよりも一〇万人多かったのが分かったという記事も目に止まりました。パンデミック（伝染病の大流行）の恐ろしさをこの数字は語っています。

スペイン風邪、という以上、その発生源がスペインだったというのが「常識」だったはずです。私の手元にある資料でも「一九一八年スペインから始まって全世界に流行したインフルエンザ。悪性で伝染力が強く、死亡者数は第一次大戦による死者数を上回ったといわれる」とあります。

ところが最近の報道記事では、どうやら発生源は米国であり、第一次大戦への参加を決めた米国が欧州の戦場に送りこんだ兵士たちが持ちこんだ。しかし戦時中の報道管制で、インフルエンザの流行で戦場で感染して命を落とす兵士の数が増えていることは当然伏せられていたのだが、当時、中立国だったスペインではこの大流行の状態が比較的自由に報道されていたので、スペイン発情報がスペイン風邪になってしまった、というのが「常識」となっているようです。過去の常識が必ずしも現在の常識ではない、ということの一例でしょうか。ついでに言えば、ソ連風邪（H1N1、Aソ連型）は一九七七年に中国で発生したのだという記事もありました。ソ連は消滅したがソ連風邪は生き残っているようです。

マネーの世界に目を転じると、ここでもこれまでの「常識」が崩壊し、数多くの投資家が損失をこうむりました。「プロ投資家」とは比較すべくもありませんが、私もグリード（欲望）に目がくらんで、そしてマネーの世界の仕組みとか金融商品に関する常識プラス・アルファぐらいはもっているという、今にして思えば、根拠の乏しい自負心で行動していた「プチ投資家」でしたから、現在は猛反省中であります。

金融分析の専門家といわれる人たちの「後講釈」によれば、マネーの世界では常識と思われていた「分散投資」も信用バブルが発生するとレバレッジによりすべての資産クラスが実質的に肥大化するために分散効果は得られなくなる。そこでバブルが破裂するとすべての資産価格が同時併行的に下落するので、期待された分散効果は得られなくなるとのことです。

格付会社を信用し彼らの行う格付けを信頼するという常識も崩れました。金融商品に対する情報力も判断力も乏しいアマ投資家は格付けに依存せざるを得なかったのですが、これも信用できないとなると、一体どうすればよいのでしょうか。格付会社の登録制度からはじまって格付会社の格付けが必要だとなると、笑い話では済まなくなります。

これまでの金融に関する常識が覆された例は他にも枚挙にいとまがないほど沢山あるでしょうが、私たちはそこからどんな教訓を導き出せるでしょうか。

私が自分の反省も込めてアピールしたいのは、自分のもっている常識を疑う心の勇気です。私たちは日常的には多くのことや場合について常識に従って考えたり行動しています。冒頭で示した説明がおおむね当てはまるならば、多少の誤差は無視しても大きな問題は発生しないでしょう。社会通念的なことは時間をかけて身につけているものなのです。

それに対して、たとえばプロフェッショナルな世界の中でごく一部の人たちの間だけで通用している常識を、門外漢の自分も共有していると誤信するのは、大きな危険につながりかねないと思います。そういう不確かな常識はかえってつけ込まれやすいものです。知ったかぶり、知ったふりをして安易に契約にサインしてしまう前に、自分の常識とか知識を疑ってみるだけの心の余裕はぜひとももっていたいと思います。

ところで、少し皮肉な言い方になるかもしれませんが、敗戦後から今日まで日本人が最も普遍的に受け入れてきた常識は、「物質的な富の追求が精神的な幸せにつながる」というものでした。それを信じて私たちはひたすら経済大国への道を走りました。その結果のバブルの破裂、長期不況、そして今回の世界的金融危機。日本は今、全くの閉塞状態にあるようです。

しかし、それでは私たちの「幸せ」とか「満足」も減るのでしょうか。それらはつきつめればそれぞれの価値観にかかわることですから一概に言えないのはもちろんですが、世界を見渡せば、日本よりもはるかに低い一人当たりのＧＤＰで質の高い生活をエンジョイしている国も少なくありません。生活の「量」を失う代わりに「質」を享受するという、生き方の発想の切り替えも必要ではないでしょうか。そういう見方に立てばハーフ・エコノミー、ハーフ・インカムについても考え方次第では幸せな将来につながる展望もひらけてくるのではと思います。

「暮らしは低く、思いは高く」という、自分自身の価値観で忠実に、「凛」として生きていく姿も描いてみたいと思うのです。それはたった数十年前の日本と日本人の姿に重なるのです。

最低の生活の中にも最高の精神

「昔、アテネは方一里にみたない小國であった。しかもその中にプラトン、アリストテレスの哲学を生み、フィヂアス、プラクシテレスの藝術を、またソフォクレス、ユウリピデスの悲劇を生んで、人類文化永遠の礎石を置いた。明日の日本もまた、たとい小さく且つ貧しくとも、高き藝術と深き學問とをもつて世界に誇る國たらしめねばならぬ。『暮しは低く思いは高く』のワーズワースの詩句のごとく、最低の生活の中にも最高の精神が宿されていなければならぬ」

今から約六〇年前の昭和二十三年に刊行がはじまった弘文堂「アテネ文庫」の謳いあげた「刊行のことば」の一節です。今からは想像もできないことですが、昭和二十三年（一九四八年）といえば日本はまだ敗戦の衝撃と混乱の真っただ中にあり人心は決して安定していませんでした。

B29爆撃機の標的となった市や町には廃墟が至るところに残っており、多くの人がその中で雨露をしのいでいました。街頭ではどこに行くのか、何をするのか分からない、粗末で汚れた服装の男女が疲れた表情で歩き、その間を一見して浮浪児と分かる少年少女が走り回り、道路の脇には傷痍軍人が喜捨を求めて立っていました。

食料を含めた生活必要物資は極端に不足しており、ほとんどすべてが配給制度でした。特に食料の配給では、今では死語になっていますが、「遅配」「欠配」が日常化していました。生きていくうえでの最低必要カロリーを供給してくれるはずの配給の一部が滞ったり（遅配）、キャンセル（欠配）されるのですから、まともに考えたら誰も生き続けていけないはずです。確かに気の毒に餓死に追いこまれた人も少なくなかったのですが、大多数の人は栄養不足に悩まされながらも何とか生き残りました。それはわずかな土地でも掘り起こして種子をまいたり苗を植えて収穫を待つ「プチ・家庭菜園」による自給自足と、あちこちで開かれていたブラック・マーケット（闇市）のおかげでした。

神が護る必勝不敗の国だ、とマインドセットされていた大多数の日本人にとって敗戦という事実は信じられないことでした。しかし、それを否定せざるを得ない状況に追いこまれた時、日本人は価値観の一八〇度転換を余儀なくされて、当然のことながら非常に混乱しました。それまでの固い道徳律は消えたため、人々は虚脱感に支配され、道徳心や国民的連帯感を失っていきました。

食べるものも、着るものも、住む所もないままに、しかも物価が必然的に急騰する中で、人々は自分自身と家族を守るために必死でした。周りにもっと不幸な、不運な人たちがいても、あえて目を向けようとはしませんでした。例外はいくつもあったでしょうが、これが一三歳の私の目に映った世相でした。

このような異常なまでに厳しかった敗戦後の環境の中では少なくとも荒れはてた都会に生きる子供たちは、昨今の子供のように、幼く、ひよわに育てられることはありませんでした。彼らはすでに戦争中に疎開という国家政策によって強制的に親から引き離されて田舎に送られ、そこで他人様の飯を食う、という体験を通して子供なりに苦労をしていたのです。

私も四年生の集団疎開組の一人でした。敗戦で都会の親元に戻った私たちは肉体的にはやせていましたが、精神的には骨太で、大人びていました。しかも、子供たちの価値観も根本的な変革を余儀なくされていましたから、大いに背伸びして大人の世界をのぞきみようとしていました。

そんな子供の一人であった一三歳の私が本屋さんで立ち読みしたこのアテネ文庫の「刊行のことば」は全く新鮮でした。現実の暮らしは確かに低いが、志を高くもって生きるべきだ、というのはまるで私に対する啓示だったのです。確かに、その当時の大人たちは敗戦のショックで、誇りも、凛とした明治人的気骨も失い、これが戦争中に一億玉砕も辞せずと意気高揚していた同じ日本人なのかと子供たちの目には映っていたのですが、その視界の外では啓蒙的な人たちが新しい日本の建設に真剣な努力を傾注していたのでしょう。その高い志がこのような感動的な表現になったのだと思います。

それから日本は「復興」を合い言葉にして社会・経済の発展に努力を傾注しました。「もはや戦後ではない」と高らかに謳った経済白書が出たのは一九五六年でした。皇太子御成婚が一九五九年、日清チキンラーメンもその頃発売されたと記憶しています。その頃になって私たちは「まずしい」「ひもじい」という言葉をあまり口にしなくなりました。そして日本は高度成長時代に入り、三〇年後には世界に冠たる経済大国としての地位を占めるまでになったのです。一九四五年の敗戦から約六〇年間、二世代で今日の日本を築き上げたのですが、少なくとも意識のうえではこの二世代は戦争の悲惨さと貧しさの苦しみを直接・間接に体験した「敗戦世代」と、戦後に生まれ、物質的な豊かさを心身の成長に合わせるようにして享受してきた「団塊世代」とに大きく分けることができます。そして現在では団塊世代の次の「第三世代」が大きな勢力となりつつありますが、この世代の特徴の一つは「豊かさ」という衣を生まれた時から身につけて育ってきている、ということでしょう。

中野孝次氏の「清貧の思想」が爆発的に売れだしたのは一九九二年のことでした。当時は私もまだビジネスの第一線で仕事をしていました。バブルがはじけてから二年後で、不況感は強かったのですが、長く続いた好景気の後でしたから、まだその不況の奥に潜む本質的な世界の価値観の変化にはあまり気がつかず、これは従来型の景気循環の一局面であり過去の日本の成功体験かららいえば、今回も遠からず脱出できるだろうという希望的観測をもっていたのでした。

しかし、その一方で、物の豊かさに心が追いついていないのではないかという懸念をいだくことが多くなってきていました。「物はリッチに、心はプアに」では人間的な生き方にはほど遠いと感じていたので私はこの本にとびつきました。多くの示唆を得て、いろいろと考えたのですが、強烈な印象を受けた一つは同氏の書中での兼好法師の言葉を解説した部分でした。「世俗的な名誉、地位、財産に心を労して、静かに生を楽しむ余裕もなく、一生をあくせく暮すなどは実に愚かだという考え方は、日本人の生き方に大きな影響を与えてきました」。確かに、そしていつの間にか清貧の思想をどこかに置き去りにしてしまっていた、という事実は認めざるを得ませんでしたが、さりとて、組織の歯車の中で生きている限りは他の歯車との連動を考えざるを得ないのも等しく事実だと思いました。むしろ問題は自分自身だけの能力で生きていくことのリスクでした。この一冊の本だけに影響を受けたわけではありませんが、何度も何度も考えた末に、私は五七歳でビジネスの世界から転職をして今日に至っています。

私は、清と濁、富と貧という言葉を組み合わせた四つの選択肢の中で、清・富を第一にあげるのにためらいを感じませんが、それは現実にはきわめて難しいことであるとすれば、次の選択肢は清・貧であり濁・富であってはならないと心に誓っています。富のレベルが数十年前とは比較もできないほど上っている中での貧というのは、決して飢えとか、ひもじいという状態を指すのではなく、むしろ閑素（平穏で質素な暮らしをすること。また、そのさま）とか簡素（飾りけがなく、質素なこと。また、そのさま）に近い状態だと思われます。質素（飾りけがないこと。質朴なこと。

また、そのさま。生活などがぜいたくでなく、つつましくて倹約なこと。また、そのさま）という言葉がより適切かもしれません。こういう生き方は本当にその気になれば誰でもすぐ始めることができるはずです。戦後の貧しさの中で精神形成をした敗戦世代は、いざとなれば貧しさの中にあまり抵抗なく戻れるでしょうし、団塊世代も質素な生き方には大きな反発を感じることなく順応できると思います。ただし、第三世代の場合は目一杯の生活をエンジョイしている人も多いようなので水準を引き下げるのには大きな苦痛を伴うのでは、と懸念されます。

誤解をさけるためにつけ加えれば、私は決してストイックな考え方の持ち主ではなく、清にして富であることに最も大きな価値を認めている俗物であり、物質的繁栄の長く続くことを願っているのです。ところが昨今の世界の動向を追っていくと、どうもこのままで済みそうにないどころか、あまり遠くない将来に大きなクラッシュ（恐慌）も起こり得るのではという懸念を深めています。杞憂に終わればもちろんよいのですが、万一の時に備えて最悪シナリオのシミュレーションだけはしておくことが賢い生き方につながるのではと思っています。

グローバルな環境の中で少子高齢化が急速に進展すると、日本は経済規模が縮小するだけでなく活力の乏しい小国になり、いろいろな意味での競争力を失った「ひよわな国」に転落し、弱肉強食の世界の中での敗者になりかねません。そういう弱小国は当然のことながら国際政治の分野でも自己の主張を通せないばかりか、体よくあしらわれたり無視されたりします。そういう兆候は最近の外交交渉の場でも認められているのではないでしょうか。

充実した満足度の高い「終の住処」を国内に求めることが困難になるかもしれません。私たちはこれまでのように自分のホーム（日本）だけでなくアウェイ（外国）でもゲームができるように心の備えをしておくことが大切になるかもしれません。「適者生存」の条件を常に吟味しておきたいものです。

特に、こういう分からないことの多い時代では、ともすれば気持ちが内向きに消極的になりがちでしょうが、ここは前向きのガッツで、これはやってみたいと感じる、また直観的に確信することがみつかったら、まず、とにかく手をつけてみる。そしてうまくいきそうでなかったら反省するなり後悔する。その方がやらないで何となく不完全燃焼のままでいるよりも納得できる可能性が高いのではないかと思うのです。

第6章　四〇歳からの「人生設計図」の描き方

――「不安な時代」だからこそ計画性が必要だ

早目に自分の人生の位置づけをする

不確実性が高まり、リスクがいっそう多様化、巨大化、複合化する中で、一人の人間としていかに納得のいく生き方をするのかがますます難しくなっています。しかしそういう時代だからこそ、個人としての生き方の座標軸の原点をきちんと押さえておかないと、外部環境や自分に直接関連する条件が変化するたびに、自分の考え方や行動が不安定になる恐れがあります。

本当に自分は何がしたいのか、何ができるのか、どういう状態になれば満足できるのか、何が起これば納得できるのか。私も七〇年を越す長い人生の間に、何度となく自分自身に対し同じ問いかけを繰り返してきました。人間は生きる目標や目的をきちんと設定できれば、自分の行動に緊張感をもち、自分の言葉に責任をもつようになります。

かつての人生五〇年時代と違って、人間を取り巻く環境の改善が長寿化を促進しています。そうなると新しい人生設計図を描く必要があると強く感じるようになりました。人生の区切り方はいろいろあるでしょうが、実社会に出てからの六〇年間を二つに分けて、前半は二〇歳から五〇歳、後半を五〇歳から八〇歳までの各三〇年間とすると人生の峠にさしかかるのが五〇歳前後です。

それまではひたすら仕事に没頭し、足元ばかりを見つめながら、坂道を登りつづけてきたビジネスパーソン諸氏も、峠の頂上に立って、登ってきた道を振り返り、これから歩む道筋を遠望するとおぼろげながら自分の人生の鳥瞰図がみえてくるでしょう。そこで立ち止まりよく考えて、これからの自分の進み方を見据えた人生設計図を描いてみたらどうでしょうか。

こんな動機から『五〇歳からの人生設計図の描き方』（角川ONEテーマ21新書）と題した小著を書き下ろしたのが二〇〇三年八月のことでした。その時、私は六十六歳、相当長い自分の人生航路の軌跡も確認しながら、人生の後輩諸氏に役に立ちそうなテーマをいくつか取り上げて分かりやすく書いたつもりです。対象とした読者層は五〇歳にプラス・マイナス五歳ぐらいのビジネスパーソンです。自分の体験も具体的に織り込みながら、気合いを入れて、しかし平易で分かりやすい書き方をしたのも手伝ったのでしょうか、多くの人から好評をいただき、私自身の当初の期待や予想をはるかに越えて版を重ねる結果となりました。

私が驚いたことの一つは、五〇歳マイナス一〇歳、つまり四〇歳前後の世代の人たちにも多く読まれたという事実でした。私自身もその年齢の知人、友人たちからだけでなく、見知らぬ人たちからも読後感やコメントなどを沢山いただきました。まだあまり将来のことを突き詰めて考えずひたすら自分の仕事に没頭している状態で、とりあえずはその生活に満足していると思っていた世代の人たちが、自分の人生設計図を描くことに真剣な関心をもっているということに私は深い感動を受けました。

ご参考までにこの本の目次は次の通りです。

著者にとって非常にうれしいことなのですが、六年たった今でも、この小さな本を新刊書店でみかけることがあります。これは上梓して初めて分かる気持ちですが、自分の書いたものは自分の子供のようにかわいく、古本屋さんの店頭などでほこりをかぶっている状態で置かれているのをみつけると、ああ可哀想にと即座に買い求めてしまうのです。しかし、この『五〇歳からの――』はたくさん売れたのですが古本屋さんでみかけたことはありません。それだけ読者の皆さんに大切に扱われているのだと思うだけで著者冥利につきるというものです。

その一方で、この本の背表紙を新刊書店でみかけるたびに最近私は不安にかられるようになってきました。それは一口で言えば「五〇歳では遅いのではないか」ということです。確かに時代の変化のテンポはますます早くなり、商品の陳腐化が早くなっているように、価値観もめまぐるしく変わります。特にリーマン・ショック以後の変化はとても追いついていけないほどのスピードで進行しています。

誰もが不安にならざるを得ませんが、この変化は実は可速度がつきそうなのです。それと併行していわゆる長寿化（長く生きるほど人生の満足度が増加するとは私は決して期待していませんが）も環境の改善と技術の進歩を反映して、持続的に進んでいるようです。気の早い人は一〇〇歳説を唱えています。また少子高齢化社会の展開は老人たちの仕事の機会を増やすようになってきました。ところで、少子高齢化はこれまでどのように進み、また今後どのように変化していくのでしょうか。厚生労働白書（平成二〇年版）によれば出生率の低下傾向が続いた結果、全人口に占める六五歳以上の高齢者の比率は、二〇〇五年の約二〇％から四五年後には現在の二倍の四〇％に急速に高まっていくものと推計されています（図表6-1）。

その中間の二〇三〇年、現在四〇歳の人が六〇歳に達する頃の高齢者比率は約三〇％で、二〇歳以上六五歳未満のいわゆる働く世代の人たちが一〇人で六人の六五歳以上の高齢者を支える割合になります（図表6-2）。これは本当に可能なのでしょうか。仕方がないだろう、というだけでは済まない深刻な問題を社会が抱えこむことになります。現在のような年金制度はそのはるか以前に破綻しているでしょうから、高齢者は自分の知恵と自助（セルフ・ヘルプ）の精神を依り処にして賢く生きていくことを強いられます。

図表6－1　少子高齢化の進行図

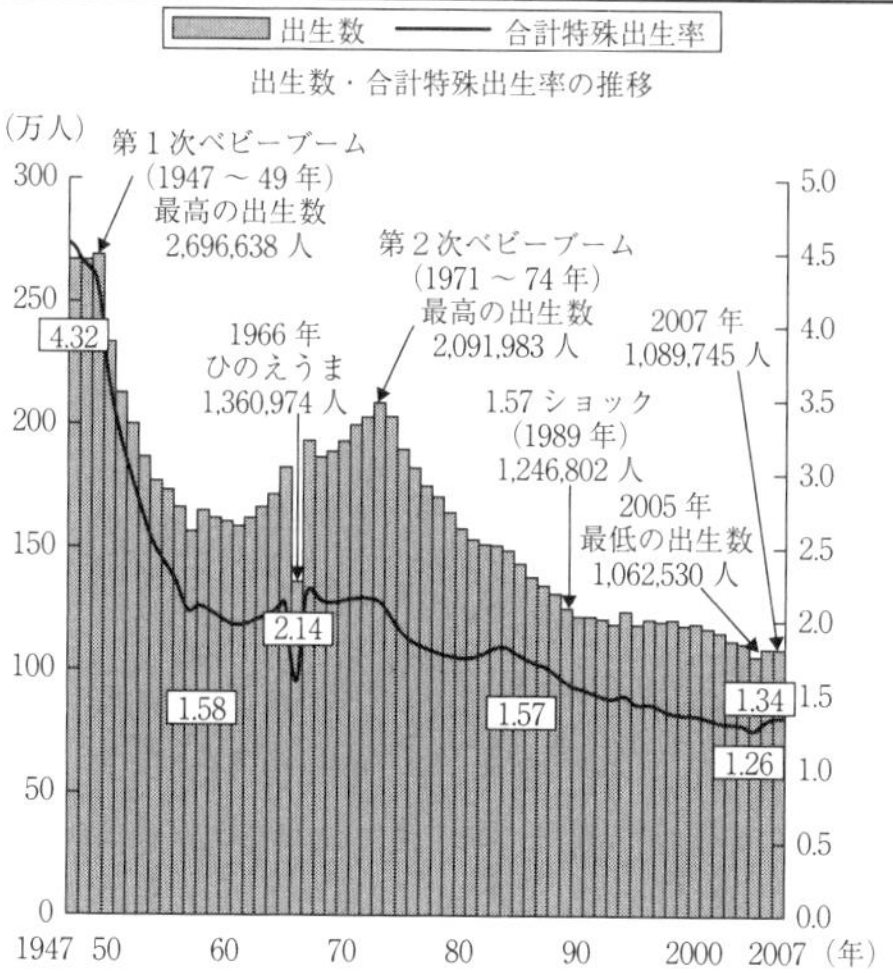

資料：厚生労働省大臣官房統計情報部「人口動態統計」、『厚生労働白書』（平成20年版）（注）　2007年は概数である。

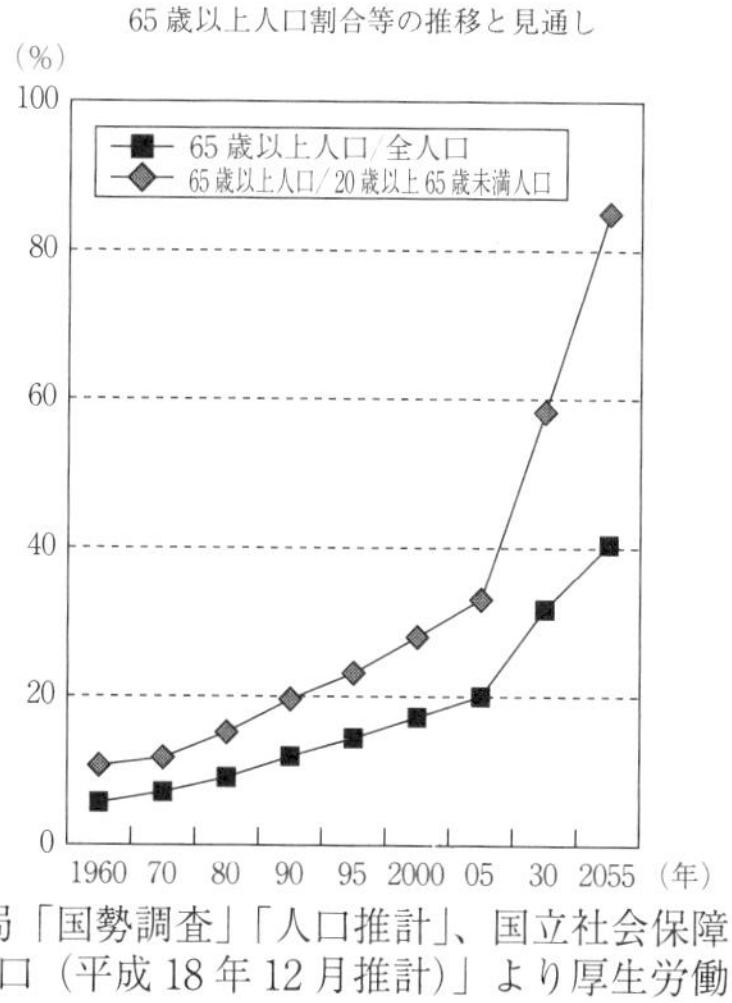

資料：総務省統計局「国勢調査」「人口推計」、国立社会保障・人口問題研究所「日本の将来推計人口（平成18年12月推計）」より厚生労働省政策統括官付政策評価官室作成。

図表6－2　年齢区別将来人口推計

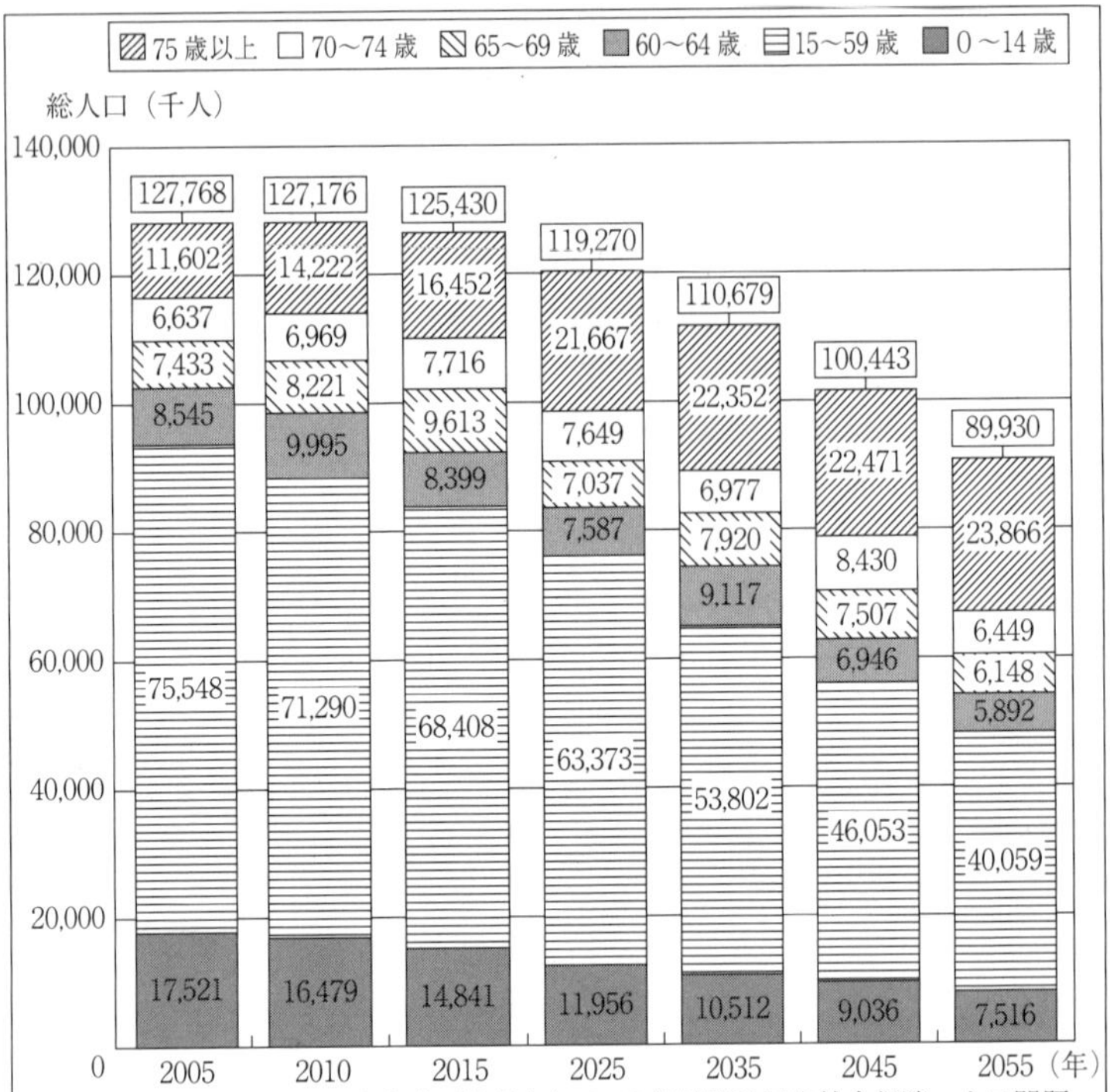

資料：2005年は総務省「国勢調査」、2010年以降は国立社会保障・人口問題研究所「日本の将来推計人口（平成18年12月推計）」の出生中位・死亡中位仮定による推計結果、『高齢社会白書』（平成20年版）

（注）2005年の総数は年齢不詳を含む。

しかし、これは容易なことではありません。すでに現実の問題として介護問題、特にいわゆる老々介護の困難な状態が指摘されています。厚生労働白書の資料でみると、「六五歳以上の要介護者等と同居している主な介護者の実に五五・九％が年齢的には六〇歳以上」なのです（図表6-3）。

また平均寿命も上昇し、将来推計では二〇五五年には女性は九〇歳を超えますから、百歳説も現実味を帯びてきます（図表6-5）。またその時点で日本の総人口は約九〇〇〇万人に減少していますが、一五歳～五九歳の生産年齢人口の割合はもっと急速に減少します。これが将来にわたる日本の人口の姿なのです。何らの政策的配慮もしないで、このままで推移すると、日本が活力ある経済大国として復活するチャンスはほとんどないと残念ながら私は判断しています。人口問題に関する政策的配慮には、出生率を画期的に引き上げるための諸施策の実施と移民の大量受け入れがありますが、前者の場合には「子供を生み、育てることの意味」についての当該世代の確信が大前提となりますし、後者の場合は言葉や習慣の違いを乗りこえて彼らを受け入れるだけの切迫感をまだ日本人が全体としてもっていないことが障害になっているようです。

一般的にみて超大国や覇権国家と認知されるための条件は、卓越した軍事力、経済力、国際政治力、そして活力のある人口規模だとされるでしょうが、現在および近未来の日本にはそのうちのどれ一つとして備わっているとは残念ながら思えません。

図表6－3　65歳以上の要介護者等と同居している主な介護者の年齢階級別構成割合

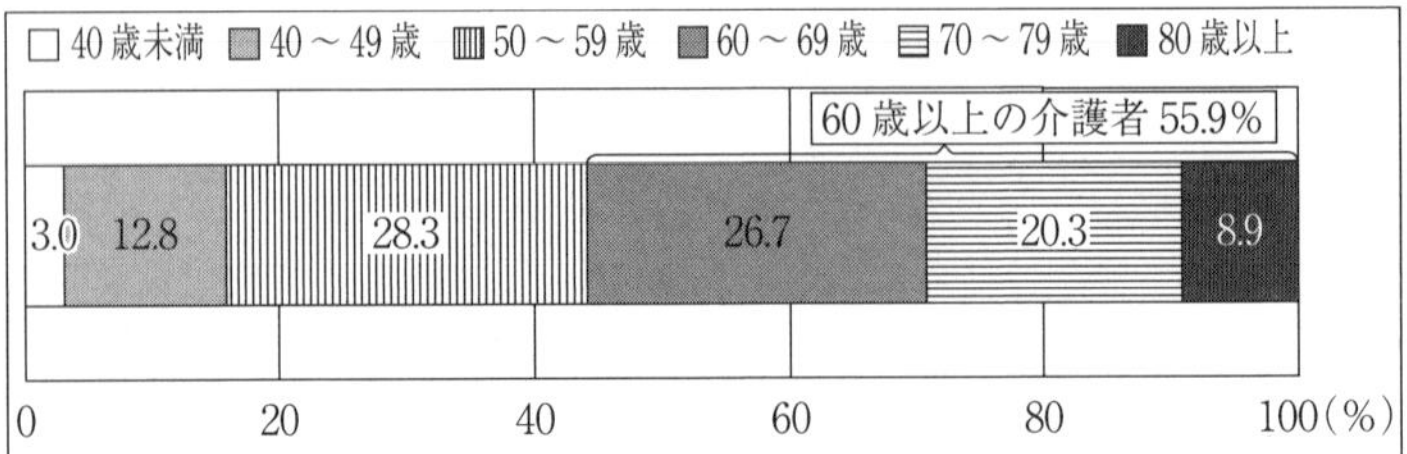

資料：厚生労働省『国民生活基礎調査』(平成16年)、『高齢社会白書』(平成20年版)
(注)「総数」には、要介護者等の年齢不詳、主な介護者の年齢不詳を含む。

図表6－4　同居している主な介護者の介護時間（要介護者の要介護度別）

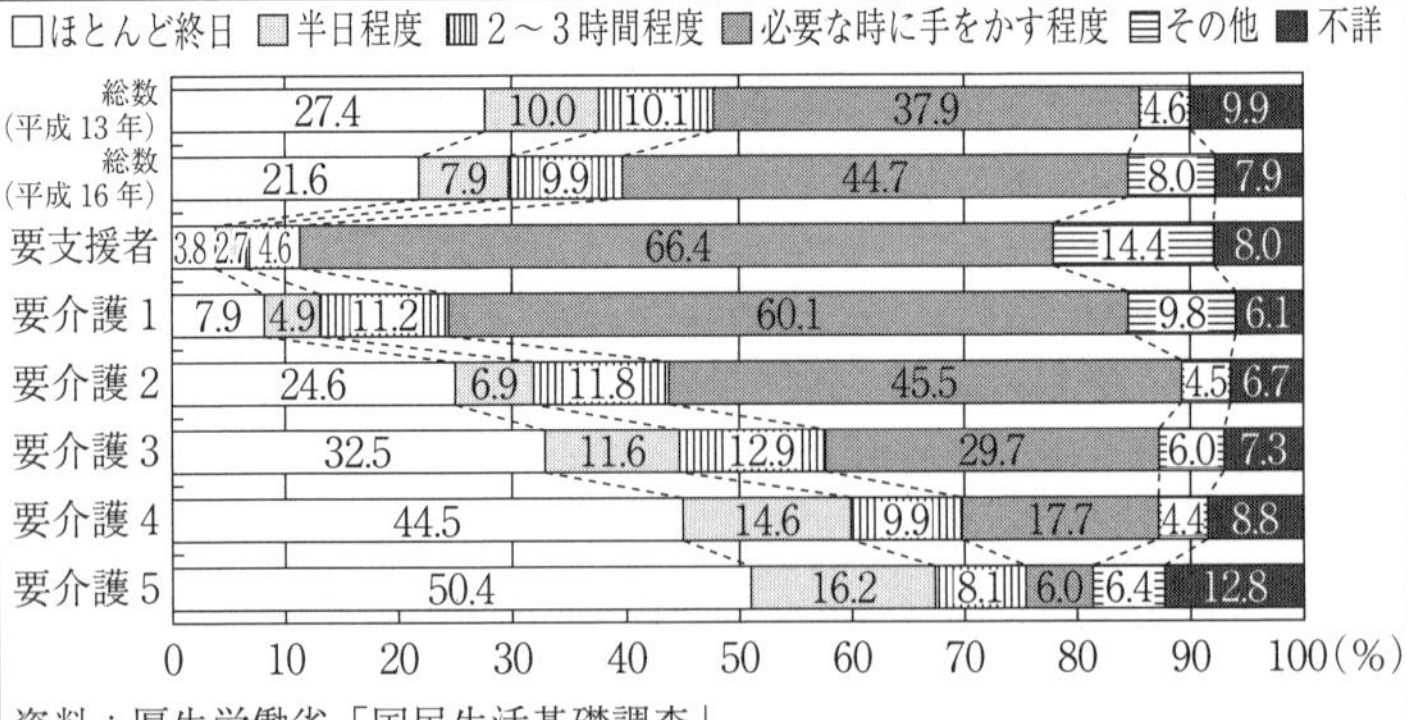

資料：厚生労働省「国民生活基礎調査」
(注)「総数」には要介護度不詳を含む。

図表6－5　平均寿命の推移と将来推計

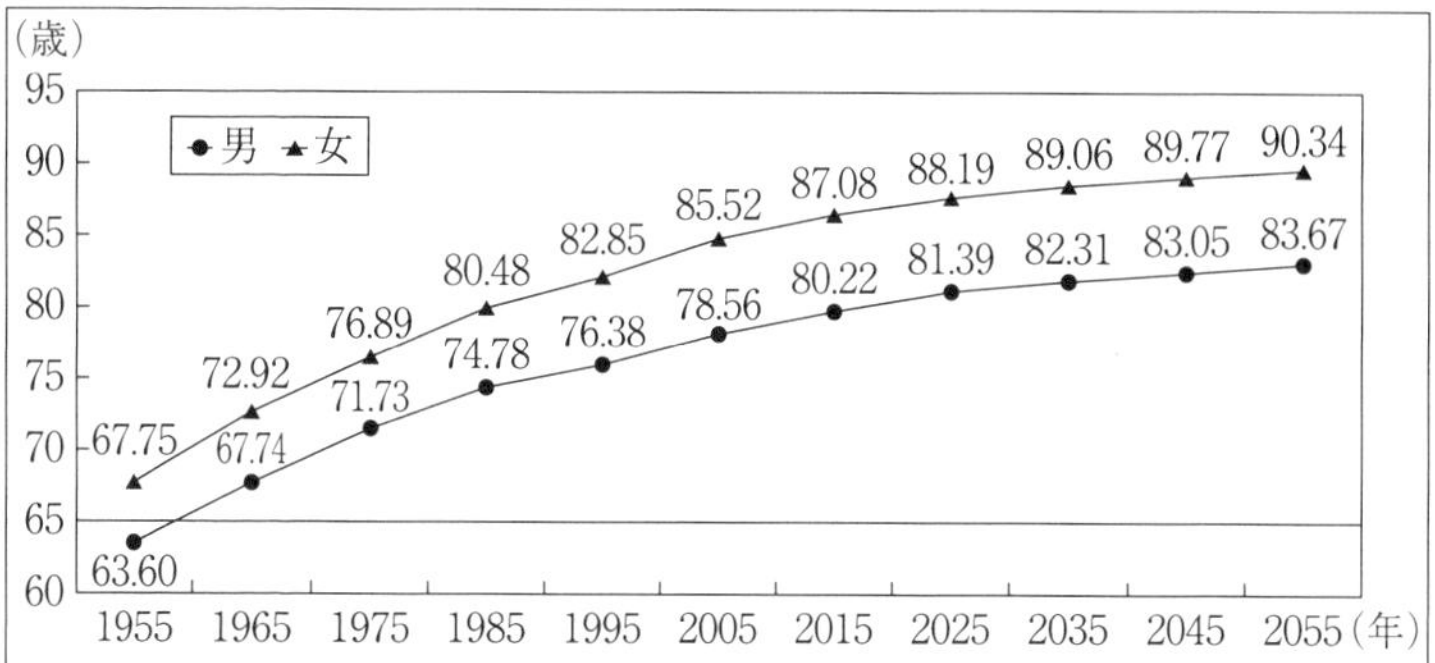

資料：2005年までは、厚生労働省「完全生命表」、『高齢社会白書』（平成20年版）2015年以降は、国立社会保障・人口問題研究所「日本の将来推計人口（平成18年12月推計）」の出生中位・死亡中位仮定による推計結果

せいぜいかほどほどの軍事力、ほどほどの経済力、国内政治は三流だがマネー外交に活路を見出そうとするほどほどの国際政治力、そして活力は乏しいがほどほどの人口規模を奇妙にバランスよく保った「ほどほど国家」であるに留まるだろうと懸念します。

そのレベルで日本が世界から尊敬を受けるワンチャンスは、日本人が伝統としてまだ保持しているはずの深い精神性と高い文化性を大いに発揮することだと確信しています。私たちだけでなく、私たちの子孫たちもプライドをもって世界の一員として生きていける、そういう時代の実現が一日も早からんことを私は切に願っています。

五〇歳ではなく四〇歳で設計図を描く理由

このところ、六〇歳か六五歳でいったん定年を迎え、その後も何らかの形で働き続けている人が明らかに増えました。その人たちの間では七〇歳までは元気に働くのが常識になっているようです。

こういう社会の諸相の大きな変化は人生設計図の描き方にも、描き始める時期にも影響を与えざるを得ません。私は『五〇歳からの人生設計図の描き方』の中にたくさんのことを盛りこみましたが、六年経過した現在の時点で読み返してみても、内容に関しては自分なりの確信はもち続けることができるのですが、設計図を描く時期となると考えこんでしまいます。

この本の九七頁で、「若い間は仕事一途でいくべきだ。年功序列、終身雇用が崩壊した後ならなおさらだ。しかし五〇歳に近づいてきたら、そろそろ複眼の人生を考えるべきだ、と私は思う」と書いたのでした。書いた時は確かにそう思っていましたが、今では「五〇歳」を「四〇歳」と読み換えた方が現実的だ、と確信するようになっています。しかし、そうなるとこの設計図が対象とする時間は四〇年間あるいは五〇年間ということになります。これは非常に長い時間であり、その間に何が起こるか誰にも予測できません。まさに未来は不確実なのです。

そうではあるでしょうが、私は四〇歳プラス、マイナス数歳の世代の人たちには、やはりこの時期に「人生設計図」第一版を描いてみることをお勧めします。もちろん先のことは分からないのだから、最初から細密画に挑戦する必要はありません。新しいカンバスに向かってまずは粗いデッサンを描いてみるというところから始めてはどうでしょうか。一枚の絵としてまとまるまでには何度も上塗りが必要でしょうし構図の変更もあり得ることです。第二版、第三版も描くようになるでしょう。そういうプロセス自体がその人の人生の節目になっていくのだと思います。

私はポール・ゴーギャンの、人間の一生を一枚のキャンバスの上に描き上げた「Faa Iheihe《ファア イヘイヘ》」（タヒチ牧歌）という絵が大好きで、この絵の意味の深さに感動してしまいます。現実の生活においても、たとえ他人には平凡で退屈な人生に映ろうとも、その人は自分の環境や条件の中で、その人でなければ描けない人生模様を紡ぎ出しているのだと理解することが大切だと思います。

ただ、その人生模様が行き当たりばったりに紡がれたものか、きちんとデザインされたものかは、見る人に異なった印象を与えるだけでなく、紡ぐ人自身の満足や感動、納得に深くかかわってくるのではないでしょうか。企業と違って個人の場合は入手できる資料や情報に限りがあるのは事実ですが、マクロ指標の類は政府刊行物センターで簡単に手に入る政府機関発行の各種「白書」を参照できたり、予想と実績の乖離を比較検討できるようにしておくことが望ましいでしょう。

さて、人生設計図はアクション・プランであり、描き上げたら終わりでなく、そこが出発点となり行動に移るわけですから作成プロセスそのものが非常に重要です。拙速をさけ、十分時間をかけて議論を重ねるべき性質のものですから、できるだけ多くの家族構成員の参加が望ましいのです。

またいったん出来上がったものは決定版として絶対に変更しないというのは信念を通り越して頑固ということになるでしょう。環境は絶え間なく変化を続けますから、柔軟に対応するためには二、三年ごとに再検討して微調整を行い、また自分たちの考え方そのものも変わっているかもしれませんから、あらためて議論する必要があるでしょう。

そうであれば、リボルビング・プランとして、中期、長期、超長期については期間をずらして行えますし、もちろん、図書館に足を運べば必要とする資料の類はほとんど入手できるでしょう。また、新聞や雑誌類を丹念に読む習慣を少しもっていれば上手に加工された情報が多いことに気がつきます。

まず、人生設計図を作成するに当たり、現在および少なくとも近未来は不確実性の高い、先の読みにくい状態が続くでしょうから、なおのこと計画性が大切なのだということ、これからはますます長寿化が進むので、先の先までできるだけ見通しておくことが求められる、という二点をおさえておきたいと思います。したがって、人生設計図も短期（一年）、中期（三～五年）、長期（六～一〇年）および超長期（一〇年以上）に分けて検討する必要があります。また計画である以上、できるだけ内容を数値化しておきたいところですが、先になればなるほど数値化が困難になるという事実もあります。ただ短期・中期ぐらいは極力数値化して、諸要素間に優先度をつけるのが現実的で、たとえば中期は常に再検討時から三～五年後という形で設定します。私のような高年齢になると残念ながら長期、超長期はあまり考えたくないので、今年一年という短期計画（実際には本年の「予算」ということですが）と現在時点から起算した中期計画しかもっていませんが、その最終年は毎年一年間繰り下げることになります。

人生設計図の検討の出発点になるのは家庭株式会社の最新の財務諸表になります。それをこれからのライフ・ワーク・プランと重ね合わせながら議論していくのです。これは家族で描く油絵、我が家版「Faa Iheihe」でもあります。常に未定の部分を残しながら何度も塗り直していく、結局それは「自分探し」をしていることなのだ、と私は思います。

また、それとの関連で労働や仕事についても自分の考え方をまとめておく必要があります。まず、私たちは労働や仕事についてどう向き合っていったら納得が得られるのでしょうか。私自身のことを振り返ってみると、いろいろな意味で最も仕事のテンションが高く、ストレスも多かった四〇歳代、五〇歳代の頃は、このような生き方はなるべく早く打ち止めにして、自分自身らしい自由なライフスタイルで人生後半をエンジョイしたいと、「仕事はサヨナラ、引退よコンニチワ」の時がくるのを待ち望んでいました。実際、私は他にもいろいろな事情や理由はありましたが、早期退職して大学で新しい可能性を求めることにしました。この決意を秘かに固めたのは五十六歳頃でした。

それからまた十数年が経過していますが、現在、高齢者世代の真っ只中にいる私は、人生の最後の瞬間まで仕事をもち続けていたいと強く希望しています。ただその仕事というのは、昔の言葉を使えば、会社員としてでなく社会員、つまりこの社会の一メンバーであることを自覚したうえで、何か社会に貢献できる仕事を続けたいということです。

私にできることは知れていますから、社会のニーズといかにかみ合わせるかが前提となります。仕事といえば報酬や対価という言葉と結びつきやすいので、このことについても頭の整理をしておく必要があります。私の場合には企業の中で働いたのは、基本的に生活の資としての金銭的収入を得るためであったのに対し、次に選んだ大学教師という職業は、英語のコーリング、つまり天職とでも呼ぶべきものとして求めたのでした。その結果がどうだったかは別として、仕事を通じてもっと他の人たちと人間的な触れ合いとか、感動をもてるような状態を求めたのです。

これは一つの例にすぎませんが、人生の最重要事の一つである仕事は真剣に取り組むことはもちろんですが、常に自分がより満足し納得できる仕事は何であるかについて前向きに考え（ポジティブ・シンキング）、その実現に向かって中・長期プランを人生設計図の中に織りこむことが大切なのです。私自身、当時は人生設計図などというまとまった考えはもっていませんでしたが、大学教員を天職として意識したのは四〇歳前後だったと記憶しています。それから少しずつ条件を整え、大学に転職したのはそれから十数年後のことでした。

「人生設計図」のような長期プランを描くとなると、どうしても資産運用というテーマを外すことはできません。昔は代表的な資産運用法として、利息収入を目的としつつ資金の流動性を確保する預貯金（短期）、配当と値上がり益を期待する株式投資（中期）、長期的かつ持続的な価値の上昇を求める不動産投資（長期）の三つにバランスよく資金配分をする「資産三分法」といわれる方法がありました。

特に土地は持続的に価値が上昇するという信仰に近い考え方が支配的でしたが、バブル崩壊後に長く続いた不況の間に金利率は限りなくゼロに近づき、株価は暴落し、不動産も大幅に値下がりする結果となり、この伝統的な資産三分法は根拠のないものであることが分かりました。

それに代わって登場したのが金融工学的理論に裏付けられた分散投資法でした。一時期は投資ファンドを中心として大いにもてはやされましたが、今回の金融危機の中で説得力を失いつつあります。資産三分法も同じですが、株式、債券、不動産、商品、またそれらの指数の類や、デリバティブズのような各種の新金融商品まで、すべての投資対象の価格が下落すれば、「分散」は意味をなさなくなり、投資元本の絶対額は確実に減少します。分散効果によりその減少の程度は違ってくるでしょうが、「減る」という事実に変わりはありません。この状況の時に唯一利益を出せるのはいわゆる「カラ売り」だけです。

現状では、巨大な国際的投資資金も、個人のささやかな余剰資金も運用対象をうまくみつけられない状況にあるようです。

大不況時代をチャンスと捉える

投資全体について言えることでしょうが、どんな情報とか投資機会を提供されても、最終的には自分自身が投資の是非を判断することになります。他人の判断や勧めに従って行った投資が失敗すると、その結果を相手に転嫁したくなったり、不満が残ったりして後味の悪いことになります。

なお、話は脇道にそれますけれども、私は個人の場合には、絶対確実な投資対象が常に存在していると信じています。それは「自分自身」に対する投資です。この投資は、特に、これからまだ長い人生の時間を生きていく人たちにとっては自分のペースで投資ができ、また投資成果は自分だけが独占的に享受できる性質のものなのです。他人に盗用されたり模倣されたりするリスクもありません。また自分の専門性とか知見を高めようとする投資には「限界効用逓増の法則」が働くようですから結果として大きな客観的価値を生み出す可能性があります。

こうなると怖いものはありません。もしあるとすれば自分の健康を失うことで、もしそうなるとせっかく磨いた能力を生かすことができません。またこうして磨かれた能力は自分の人格と不可分でありますから能力開発と併せて人格の陶冶を続ける限り、まさに他の誰にも負けない自分自身をつくり上げることができます。

こう考えると、現在の大不況時代はかえって絶好のチャンスかもしれません。これだけ高齢化現象が急速に進み、高齢者の数が増えると、それをまかなうための社会の負担も急速に増加せざるを得ませんからこれからの日本経済のダイナミックな発展はとても望めません。高齢者が快適な暮らしをしていくための支出には大きな限界が出ると思われます。現在はまだ伝統的に高齢者を敬う気持ちが残っていますが、これからはインフラ整備の面でも、介護福祉についても、また年金支給についても次世代の高齢者たちには厳しい時代が待っていると覚悟しておいた方がいいと思います。

またそれに続く現役世代には今よりもはるかに過大な租税負担を課せられることになるでしょうから、長寿どころか高齢者が社会のお荷物として扱われる社会が到来すると残念ながら予想されるのです。もし自分たちが老後を少なくともお金の面では何とか自律的に生きていきたいと思うならば、今のうちから人生設計図に組み込んでおく必要があります。物価水準の変動を考慮せず、老後のために「自分年金」三〇〇〇万円を積み立てるとすると、毎月三万円を年利率六％で三〇年間複利運用するのだそうです（図表6-6）。毎月三万円も大変ですが、年利率六％は現在の金融状況では非現実的です。また三〇年間というのは四〇歳の人がいま開始しても実現するのは七〇歳の時ということになります。ローマは一日にして成らずではありましょうがこれは厳し

図表6－6　30年で「自分年金」（公的年金以外の老後資金）を 3000万円貯めるための積み立て投資の例

		3000万円にするのに必要な運用利回り	目標達成に有効な資産配分の割合
標準型	毎月3万円を30年運用（複利運用）	年6%	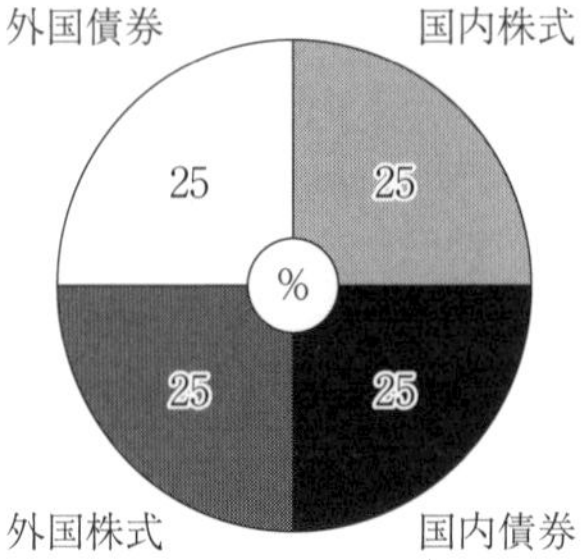
安定型	毎月5万円を30年運用（同）	年3.2%	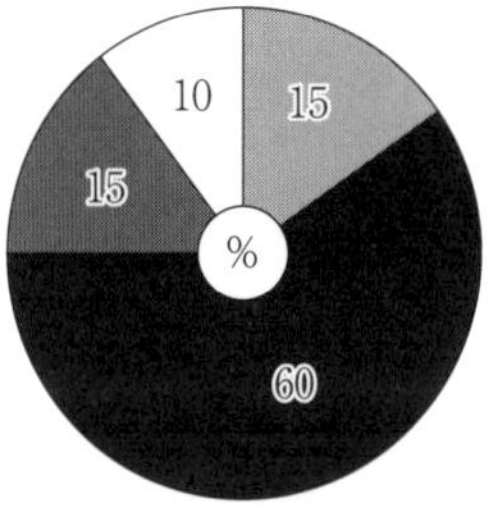
積極型	毎月2万円を30年運用（同）	年8%	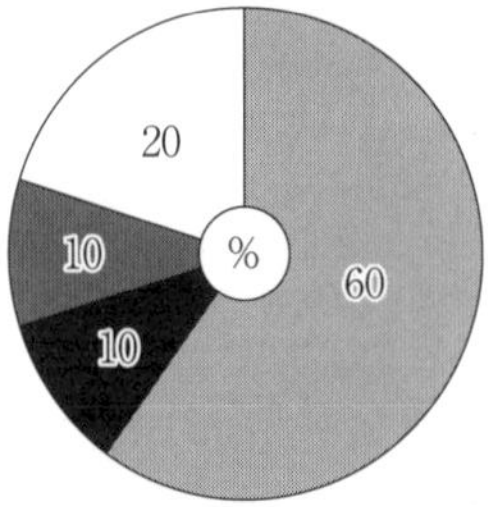

（注）モーニングスターの「金融電卓」を使って試算。資産配分は1990年から2005年までの各資産の年平均利回りを基に算出

出典：日本経済新聞（2009年5月10日号）

図表6－7　人生設計図

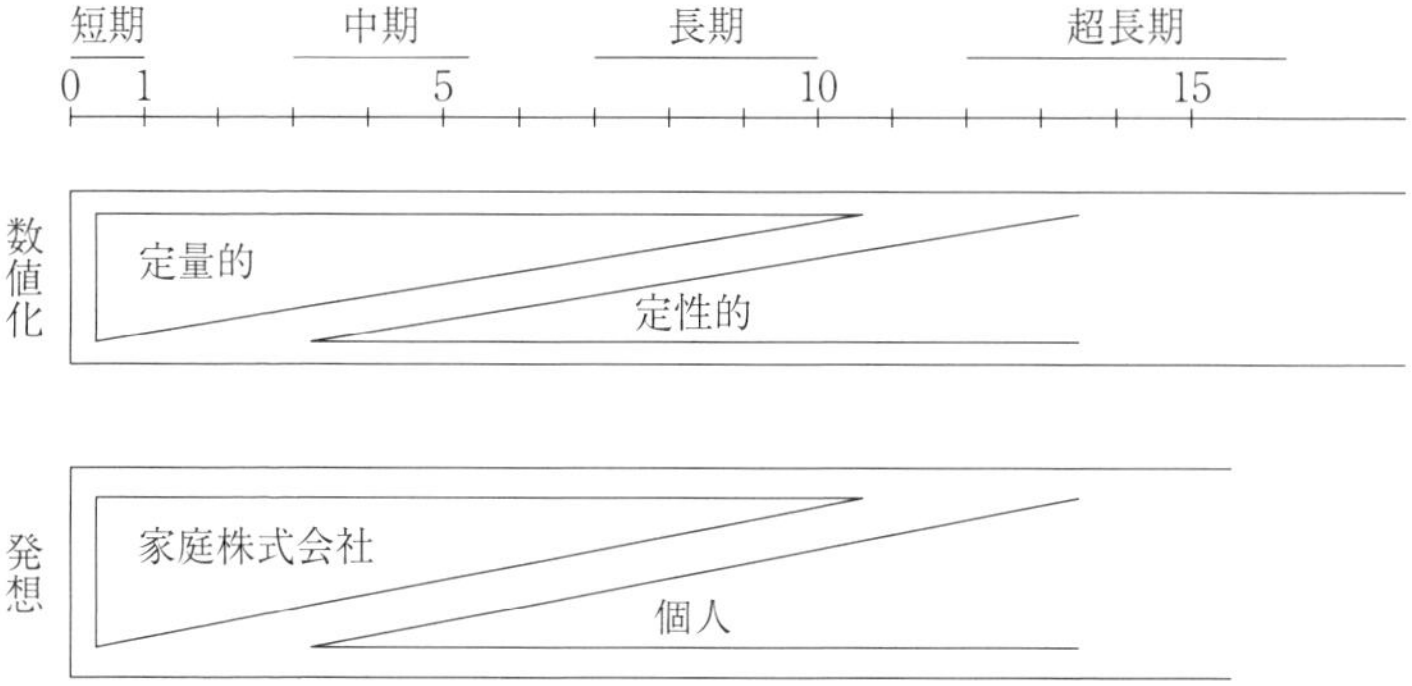

いハードルです。

日本人の平均余命が五〇歳を超えたのは第二次大戦後まもなくの時でした。それからわずか六〇年しか経っていないのに人生八〇年時代になり、最近では気の早い人は人生一〇〇年時代の到来近しと予言しています。もしこの説を採れば、現在四〇歳の人はあと六〇年間の人生設計図を描くことになりますが、二、三年先の見通しもできないこの時代に六〇年先は何とも考えようもありません。せいぜい、「ピンピン」で人生を最後まで健常で生き、そしてコロリで結末をつけるという程度のことでしょう。

この人生設計図はそういう目的で描くのではありません。数字的に表現できるのは一〇年先ぐらいまでのはずです（図表6-7）。それでもいいから何か自分たちの手づくりの羅針盤をもっていれば、それを依り処として、そうでない場合に比べれば、自信をもって人生航路を進んでいけるということになるのです。

エピローグ――「時は過ぎ行く」何のために、いかに生きるのか

“tempus fugit”というラテン語が壁に刻まれた大学図書館の中で、あれは「時は過ぎ行く」、つまり「光陰矢の如し」という意味で時間を大切に使え、という戒めの言葉だ、と先輩が小声で教えてくれたのを、今でもなつかしく想い出します。

それから五〇年が経ちました。時間を大切に使って、と時折は意識しながらも他律的な部分が多いビジネスパーソン人生の中で、この言葉は意識の底に埋没しがちでした。人生の総持ち時間は神の定めに従うとしても、一日二四時間がすべての人に例外なく与えられています。それを自分はどう使ったのか、今になって過ぎ去った長い時間をプレイバックしてみると、充足感や満足感よりも反省と後悔が先に立ちます。

残り時間の少なくなった私には大きな機会が訪れることはないでしょうが、長い人生のちょうど半分ぐらいの位置にある読者の皆さんにはまだまだ長い時間と数多くのチャレンジの場が与えられているはずです。何のために、いかに生きるか。自分自身の価値観とタレント性を大切にしながら、前に向かって力強く進んでいただきたいと心から願っています。

【著者略歴】
河村幹夫（かわむら　みきお）

1935年生まれ。1958年、一橋大学経済学部卒業、三菱商事入社。ニューヨーク、モントリオール、ロンドン勤務を経て、1990年、同社取締役。ロンドンではLME（ロンドン金属取引所）会員会社のトライランド・メタルズ社の会長・社長を兼務。現在もLME個人会員の資格を持つ。1994年、多摩大学、同大学院教授に就任。博士（経営学）。2006年4月より多摩大学統合リスクマネジメント研究所長となる。商社マン時代の豊かな国際経験などから「週末500時間の活用法」を提唱し、ビジネスマンの注目を集める。シャーロック・ホームズおよびコナン・ドイルの研究家としても知られ『シャーロック・ホームズの履歴書』（講談社）は日本エッセイスト・クラブ賞を受賞した。また、2008年4月からは昭和女子大学の監事も務めている。

主な著書に、『ザ・シカゴ・マーケット』（故ミルトン・フリードマン教授の推薦文を得た）『物語で読む先物取引』『米国商品先物市場の研究―CFTCの規制・自由・拡大思想』『50歳からの人生設計図の描き方』『ドイルとホームズを「探偵」する』など。

不安《ふあん》な時代《じだい》の人生設計図《じんせいせっけいず》の描《えが》き方《かた》

2009年11月25日　第1刷発行

著　者　河村幹夫
発行者　北村　徹
発行所　株式会社　時事通信出版局
発　売　株式会社　時事通信社
〒104-8178　東京都中央区銀座5-15-8
電話03（3501）9855　http://book.jiji.com
印刷所　株式会社　太平印刷社

ISBN978-4-7887-0978-2 C0095　Printed in Japan